PORTLANDNESS
A CULTURAL ATLAS

David Banis and Hunter Shobe

LEAD CARTOGRAPHERS
Corinna Kimball-Brown
Randy Morris
Jon Franczyk
Dan Coe
Kirk McEwen

GRAPHIC DESIGN
Joan Lundell

Copyright ©2015 by David Banis and Hunter Shobe
Japanese translation rights arranged with THE PARK LITERARY GROUP
through Japan UNI Agency, INC.

CONTENTS

	序文	5
	日本語版への序文	8
オープニング・マップ	間取図でみるポートランド	10
	ネイバーフッド・カラーパレット	12
	PDX Tube	14
イントロダクション	ポートランド：カスカディアの都市	16
	ポートランドらしさ	23
	ポートランド 対 ポートランド	28
I. 都市の景観	ブリッジ・タウン（橋の街）	32
	橋の下	34
	歩道の終点	36
	ポートランドセメント	38
	アテンションプリーズ	40
	「止まれ」の標識に落書きするのは止めて	42
	製造業の空間	44
	裸の都市	50
II. 過去と未来	広がるポートランドの範囲	56
	街路名が伝える歴史	58
	移住者たちの足跡	62
	歴史あるチャイナタウン	64
	チャイナタウンの今	66
	埋め立てられた博覧会の面影	68
	島から半島へ	70
	実現しなかった都市計画	72
	お化けが出る場所	74
	メイウッドパーク	76
III. 自然と野生	スタンプ・タウン（切り株の街）	80
	降っては止むにわか雨とサンブレイク	82
	失われた水と幻の水路	84
	都会の鶏と田舎のコヨーテ	86
	ミツバチの苦境	88
	オークス・ボトム	90
	並外れたサイズのげっ歯類	92
	ヘテロトピア：コロンビア・スラウ	94

IV. 都市の見方	想像上の人口密度	98
	多様性の島々	100
	心理地理学	102
	街角で覚える感情	104
	街の喧騒	106
	匂いで地域を分ける	108
	小学3年生が描く街	110
	ドーナツの穴の外側をめぐる物語	112

V. ソーシャル・リレーション	ミッション・インビジブル（監視を避けて）	120
	緑の楽園	124
	怖いもの知らずの若者たち	128
	人目につかないホームレス	130
	レッドライン……	132
	レッドライニングとジェントリフィケーション	134
	……その結果	136
	ストリートをアートで彩る	138

VI. フードとドリンク	ある日曜日	142
	フードカートの地図（フード・カルトグラム）	144
	エールの淡い陰影	146
	ラージサイズのマグカップに入った、スキムミルクのハーフカフェインで、フォームミルクを追加したスモールサイズの熱めのキャラメルカプチーノ	150
	できることからしよう。私はビーガンになる。	152
	農場から市場へ	154
	フードチェーン店：外での食事	156
	食の蜃気楼（フード・ミラージュ）	158

VII. ポップカルチャー	ギークだ！	162
	創造性の回廊	164
	DIY（自分でやろう）	166
	レースパレード、お祭り、大規模パーティー	168
	ポートランドのはまり役	170
	タッチダウン：ポートランドへの移住とファンチームへの忠誠心	172
	働くミュージシャンに捧げる詩	174
	サッカー・シティ USA	176
	サッカースタジアムの歓声の地図	178

	著者あとがき	183
	謝辞	183
	クレジットと主な資料	184
	訳者あとがき	191

序文

地図は、人々の想像力を強く支配する。ほとんどの人は、地図に表現されたものには根拠がある、つまり地図にあるものはその場所にあると考えている。ところが地図製作者はみんな、地図に何を含め何を含めないのか、そして世界をどう上手く表現するのかを決断しているのである。地図はストーリーを伝えるものであり、地図製作者はそれをどう物語るのかを選んでいるということだ。世界を構成する場所を記号で表すには様々な慣例があり、それに倣うことで、地図の多くは似たようなものになる。この慣例を打ち破り、新しいポートランドの見方、そして新しい地図学の視点を示すために、本書は様々なスタイルの地図を提案する。

この地図帖は、様々な集団における人々の社会的理解を促進するために地図学を用いる試みである。カルチュラル・アトラス［文化の地図帖］は、人々に新しい地図学、そして場所の新しいとらえ方をもたらしてくれる。それは隠れた社会のつながりを明らかにし、また、人々の地理的想像力をかき立て、育んでくれる。カルチュラル・アトラスにおいては、個人から市域、そして地球までの諸スケールで、場所を様々に、地図によって物語ることが許されるのである。

本プロジェクトは、ポートランド州立大学（PSU）の地理学科から生まれた。2007年、大学院生の一人だったウェイン・コフィーは、ポートランドのカルチュラル・アトラスを作るというアイデアを思いついた。とはいえ、そんなものをどうやって作るのかについては地理学科の誰も知らないようであった。その夏、デイビッド・バニス（David Banis）は、カルチュラル・アトラスにつながる紙面を学生がデザインする演習を教えていた。翌年には、学生がポートランドから連想したことを代理指標で地図にするという、ポートランドネスと呼ばれる教育・研究プロジェクトに私たちは共同で取り組んだ。2009年に完了したそのプロジェクトは、本書の「ポートランドらしさ」セクションの初期バージョンとなったものである。

2011年および2012年の秋に、私たちは授業時間に多数の地図を分析する「地図と社会」というクラスを共同で担当した。そこで学生たちはプロジェクトの一つとして、カルチュラル・アトラスに載るような見開き2ページの紙面を製作した。その授業で生まれたいくつかのアイデアは、本書の一部になっている。2012年の夏には、「カルチュラル・アトラスの製作」という授業を担当した。この授業に出ていた学生たちは本書のためのフィールドワークを行い、たとえば「ミッション・インビジブル」のページに出てくるすべての監視カメラを数えるのを助けてくれた。

2012年には、PSUの卒業生、学生、友人たちで構成する地図帖のワーキンググループが作られ、サウスイースト・ホーソン通りにある**ラッキーラブラドール・ブルーパブ**で数カ月おきに集まり、地図や見開きの地図帖についてアイデアを発展させた。全員で本書につながるビジョンを共有し、地図帖を、ポートランドの様々な見方や視

点を人々に与えるものとして作り上げた。この地図帖は、真面目さとユーモアを兼ねたアプローチで、広く受け入れられたこの街のストーリーに挑戦する。それは、見過ごされがちなポートランドの地理を明らかにしようとするものだ。この地図帖のねらいは、決して見栄えの良い地図を詰め合わせるだけのものではない。私たちは、本がコレクションとしてまとまると同時に、それぞれの地図が単独でも成立し、ポートランドのストーリーを語ってくれることを望んでいたのである。

この地図帖は決して包括的なものとしては企図されていない。そうではなく、物語のコレクションなのである。他の場所と同じく、ポートランドにも人の数だけ、異なる意味が存在する。そのようなポートランドの見方のいくつかはよく知られていて、都市と結び付いたステレオタイプとなってきた。たとえば、2000年代のポートランドは、ヒップスター［流行に敏感で個性的／意識の高い若者を指す言葉］や美食家、ロカヴォア［地元産の食品を食べる人］の楽園として、いくつかの分野で名声を得た。これが、ニューヨークタイムズ的なポートランドである。『ポートランディア』［ポートランドを取り上げたコメディドラマ］的なポートランドである。しかしポートランド住民にとってみれば、それらは街のほんの一部に過ぎない。ポートランドについて流行のアイデアもいくつか調べるものの、私たちはそれよりももっと広い観点で、この街がどのように見られ、感じ取られているのかを示してみたい。

この地図帖の著者として、私たちはそれぞれがポートランドとのつながりをもっている。1990年代当時、「そういう」街［流行の先端］だったシアトルに住んでいたデイビッドにとって、この街は旅行者として気分転換に訪れる週末の良いゲートウェイだった。ポートランドは依然として太平洋岸北西部（パシフィック・ノースウェスト）の別の時代と結び付けられているようだった。様々に立ち並ぶ切り株のような風変わりな高層ビル、魅力的で歩きやすい都心部、フッド山の素晴らしい眺め、生い茂る木々、美しいワシントン・パーク、そしてちょっとした流行。しかしポートランドは労働者たちの拠点でもあった。使い古され、グランジーで［汚れていて］（必ずしもロック音楽［グランジ］のことではない）、シアトルよりも尖っていた。海岸線のある土地における川の都市。パール地区は倉庫に囲まれてギャラリーが散らばる驚くほど型破りな場所であり、ヘンリー・ウェインハード工場はまだ**パウエルズ書店**のすぐ隣にあり、**ブリッジポート・ブルワリー**はノース・パール地区の拠点だった。旅行者向けガイドに登場する数少ない東側の地区の一つであるホーソンは、依然としてヒッピーの雰囲気があり、街の東側の外れにあることを感じさせた。デイビッドは、後に暮らすことになるホーソンが、ポートランドの実際の東側の縁よりも都心部のほうにかなり近いことをほとんど知らなかった。

現在に目を向けると、ポートランドは多くの点で変化し、成熟した大都市へと変貌を遂げた。経済的にはそこまで潤っていないものの、25年前のシアトルのような感じである。デイビッドは13年間ポートランドに住んでいる。最初は地理学の大学院に通うためにやって来て、まさにその地理学科で職を得た。第一印象は決して忘れられないとしても、住んでいるうちに、この街は彼にとって旅行の目的地以上のものになっていった。地図製作者は、その職の本質からして、幅広い対象への興味をもたなければならない。デイビッドは、場所の文化的価値や人間の知覚のような非伝統的な地図の素材を好みつつ、生活のために地図を製作し分析することで、鳥瞰から個人的経験まで様々な視点から都市を研究する機会を得た。それに加えて、工業的で汚染された地区や、「治安の悪い地区」、都市の衰退、そして自然と社会の不快な交差点のような、いわゆるディストピア的な景観に対する彼の強い興味と地図学的な探求心が、街の最も目立たない片隅へと向かっていった。この地図帖のプロジェクトに関わることは、すでに進行していた探検の論理的延長線上にあったのである。

ハンター・ショービー（Hunter Shobe）は、オレゴン州ユージーン（彼にとってはしばしばシャイア［ホビットの里］に住んでいるように感じられた）の大学院で過ごしたのち、ポートランドに移住したことで都会的な場所への待望の復帰を果たした。かつてサンフランシスコやワシントンDCで暮らしていたハンターにとって、ポートランドは今でも時折やや小さくみえる。しかし、彼が都市を好む大きな理由の

一つである、世界中の多くの場所とのつながりをもつ多くの人々のなかで暮らす、という条件をポートランドは満たしている。2006年にPSUで職を得るために移住してきた時、ポートランドはすでに都市的・社会的変化を経験していた。そこからさらに都市が大きな変化を遂げたことで、彼は地元の居住者が変化に対して何を頻繁に感じさせられるのか、またそれがいかに早く起こるのかについて、考えるきっかけを得ることになった。初めて到着したときにこの街と特別なつながりを作るのに役立ったいくつかのもの──パウエルズ書店、ティンバーズ［ポートランドのサッカーチーム］、バーンサイド橋──は今でも存続しているが、それぞれが少し違ったかたちで存在している（パウエルズ書店とバーンサイド橋は改修され、2011年にメジャーリーグサッカーに参入したティンバーズもある意味ではそうだ）。

ハンターにこの都市との深い結び付きをもたらしたのは、ほぼどこへでも歩いていく、という行為であった。ここに住み始めてまだ2カ月しか経っていなかった彼が、都市地理学の講義に自信をもつことができた理由もそれである。彼は、市内あちこちを歩き回ることで、車やバス、あるいは自転車からも見えない場所を間近に体験することができた。多くの地域を歩き回り、道中を探索することによって、ある地区がどのように隣接する別の街へと変化していくのか──つまり、場所がどのように結び付いており、そして多くの場合は、どう結び付いていないのか──について理解を深めた。この歩行に基づく都市の初期探索は、今では彼の教え方の根本的な部分となっている。都市に注目した講義では特にそうだ。様々な人々がどのように場所を経験し、理解し、見ているのか。そしてそれらの見方はどのように地図やグラフィック、あるいはテキストと組み合わせて表現できるのか。これらに対する関心が、この地図帖の製作へと彼を向かわせる動機となったのである。

本書の中には、私たち自身の見解もいくつか垣間見ることができる。しかし、私たちは自分とは異なるものの見方や考え方によって、この都市のより幅広く豊かな探求を表現するような何かを創造する後押しをしたいと考えていた。それゆえ、本書は共同プロジェクトとして生まれたのである。この地図帖には多くのPSUの学生、同僚、卒業生が貢献しており、また何人かのポートランド・コミュニティカレッジの学生や教員たちの業績も含まれている。私たちが作ろうとしたのは、ポートランドについて、人々にそれぞれ異なる考えをもたせるような本なのだ。地元の居住者であろうと最近訪れただけの人であろうと、すべての読者がポートランドに対して何か新しいことを学び、違った視点から都市を見るよう迫られることを期待している。都市を新たな観点から見ようとすることには固有の価値があると、私たちには思えるからである。

この本を作るにあたって、私たちは何百ものトピックについてのアイデアを検討した。いかにもポートランドらしい典型的なものでも、地図で魅力的に語るにはあまり適さないトピックもあった。地図帖のアイデアを思いつくのは簡単だったが、難しかったのは、人を惹きつけ、そしてまた興味深いストーリーを語る、一連の地図とグラフィックス、テキストになりうるアイデアを考え出すことであった。

本書は、ポートランドの決定版となるよう意図されたものではない。地図というのは、人々が場所をどのように見ているのかを表現するものであり、それは場所そのものではない。一枚の地図が一つの視点を表現するため、本書に登場する多くの地図に対して異議を唱える人もたくさんいるだろう。私たちは、本書のあらゆる地図に関して「その地図はおかしい」と聞くことを期待している。ポートランドが私たち一人ひとりにとって何を意味するのかという議論に引き込むこと──それこそがポイントだ。私たちを学生や卒業生、友人などの巨大なコミュニティとのコラボレーションへと向かわせた議論も、まさにそれであった。

本書は、この場所についての地図製作や調査、執筆に費やした数えきれない時間の賜物である。それは私たちのポートランドに対する賛辞である。この地図帖を読み、地図やグラフィックスをじっくり見ることで、我々のチームが本書を編集した時と同じくらい、ポートランドについて楽しく学んでもらえることを願っている。

日本語版への序文

『ポートランド地図帖』へようこそ！今あなたが手にしている本は、2つの創造的なプロジェクトの成果だ。

1つ目のプロジェクトは、2015年に完成した英語版『ポートランド地図帖』(Portlandness) の製作であり、私たちの創造的なチーム（主にポートランド州立大学の学生と卒業生）によるものだ。指針となるビジョンには、3つの主要な目的があった。第一に、私たちは本書を、これまでにない様々な手法でポートランドを表現し、読者がこの都市に抱いている一般的な認識を問い直すものにしたかった。アメリカにおけるポートランドの人気はこの数年間で急上昇した。大衆的なイメージに異議を唱えるような方法でこの都市を表現するには、ちょうど良い時期だと私たちは考えたのである。

第2に、私たちは読者の地図に対する理解を揺さぶるために、伝統的なものとは違う多種多様な地図表現を用いてみたかった。実際、本書に含まれる地図のいくつかを、地図として認識しない人も多いだろう。かつては不可能だった複雑で洗練された地図製作を可能とする新技術によって、地図には新たな関心が寄せられているようだ。しかし、古い手描きの歴史地図や、触れることのできるリアルな地図もまた、今日、人々を魅了しているように思われる。『ポートランド地図帖』は、現代のコンピュータ技術の強みと、書籍のインタラクティブな力を結び付ける試みなのである。

第3の目的は、読者が自らの都市や地域をどう違った視点で見ることができるのかを、各トピックを例として表現することだった。自らの場所を新たな方法で見ることができるよう、読者を駆り立てるためだ。『ポートランド地図帖』は、当たり前だとみなしがちな日常のありきたりのものの細部へと、私たち皆の注意を引き寄せる。本書を読み終えたあとで、読者が自分のいる地域や都市に対するまったく新しい見方・考え方とともに散策に行くことを、私たちは願っていた。

本書を日本の読者向けに翻訳すると埴淵知哉氏から提案されたとき、私たちには興奮と驚きの気持ちが相半ばしていた。とても誇りに思うとともに、この本を訳すのに必要な時間を誰かが投資してくれることに驚いたからだ！

そう、2つ目の創造的なプロジェクトは、トモヤ（埴淵）と素晴らしい翻訳チーム、アヤコ（松本）、カズ（花岡）、レイナ（高松）による日本語への翻訳だ。私たちはこの翻訳についてかなり詳しく話し合った。訳者たちは、著者らが伝えたかったことの正確な要点をつかんでいるかどうかを確かめる必要があった。私たちがしばしばアメリカ的、地方的、そしてローカルな慣用的表現を用いていたため、本書の翻訳作業は大変なものだった。

したがって本書は、場所に特別の関心を払い、地図化することの力や喜びを信じている、海を隔てた2つの創造的なチームの出会いなのである。トモヤは3つの目的それぞれをすぐに理解し、多くの日本の読者がポートランドについて、また地図について本書から知りたがっていると考えた。さらに彼は、日本の読者が、自らの都市を新たな視点から見ることにトライしたいだろうとも考えていた。

本書から、ポートランドと地図の両方について、何か新しいことを実際に学んでくれることが私た

ちの願いである。しかし一番の望みは、読者がこれまで知らなかった方法で、どう自分の街を探索したり、場所を見たり考えたりするのかについて、この本から着想を得てくれることだ。読者にとっていつもの場所を独特で特別なものにしているのは何か。理想的には本書が、そのことを考えるきっかけになればと思う。

私たちはともに、幸運にも何度か日本を訪れたことがある。日本の街や地域を歩き回った自身の経験から、日本には地図の題材がとても豊富にあると感じられる。異なる国への訪問者は、簡単に文化的差異に圧倒されてしまう。しかし観光地として以上に時間を費やすと、人は日常生活の流れに足を踏み入れることができる。微妙な違いがはっきりするようになり、場所を区別する細部がくっきりと浮き彫りになり始めるのだ。

デイビッドは、前職で海外に行くこと――特に、名古屋、広島、東京およびその他の都市への数度の出張と長期滞在があった。このことが彼に、それぞれの都市、さらにはそこを超えて地域を深く探索する機会を与え、特定の場所に固有の要素や、場所を超えて共通する要素があることを気付かせてくれた。ハンターはこの数年の間に、埼玉にいる妻の両親に会うため、家族と一緒に何度か日本を訪れた。彼は東京、京都、そして入間を歩いたことで、同じ国内でも規模が大きく異なる都市間で生じうる、顕著なコントラストと印象的な類似性を知ることとなった。

ポートランドがアメリカとは違い、またポートランド内の地区が市そのものとは異なるように、私たちが訪れた日本の場所についてもそれと同じことがいえる。本書を読み進めていくなかで、読者もこのことを徐々に理解していくだろう。

都市を探索するための最良の方法は、歩くことだ。私たちにとっては、日本ならほぼどこでも街路を一区画歩くだけで、それが場所を探索する魅力的な体験になる。読者の皆さんには、いつもなら新しい場所や遠く離れた場所に向けるような注意力をもって、暮らしている場所の景観を探索してみることをお勧めする。

あなたが暮らしている都市や地区、街路がどのようにあなたを形作っているのか、ぜひ考えてみてほしい。触れないもの、見えないもの、そして失われたものを、地図に描くことをお勧めしたい。街区ごとの景観を彩るのは主に何色なのか？ それは地図になるかもしれない。場所によって聞こえてくる音はどう違うのか？ それも地図になるかもしれない。近所にはどのような匂いが漂っているのか？ また別の地図ができる。一日歩き回って素直に感じたまま、どの街区が好きでどこは好きじゃないのか？ それだって地図になるかもしれない。もし子どもがいるなら、その子たちは何に興味をもっているのか？ それは、きっと素晴らしい地図になる。

おそらく日本でも、名古屋らしさ(Nagoyaness)や京都らしさ(Kyotoness)、あるいは埼玉らしさ(Saitamaness)、さらには渋谷らしさ(Shibuyaness)についての地図や本の製作が始まるだろう。

さあ、『ポートランド地図帖』を楽しんで……そして、歩きに出かけよう。

ハンター・ショービーとデイビッド・バニス

パイオニア・コートハウス・スクエアが「ポートランドの居間」であることは広く知られている。公共広場はしばしば都市の社会的交流の中心として称えられるからだ。

このことはより大きな疑問を投げかける。なぜポートランドには居間しかないのか？他の部屋はどうなのか？居間しかない家とはどういう家なのか？

明らかな問題は次のとおり。居間以外の部屋はどこにあるのか？ポートランドの台所はどこなのか？主寝室は？バルコニーは？離れについてはどうだろうか？この地図が示すのは、家に見立てたポートランドの構想を大まかに描き出そうとする試みである。

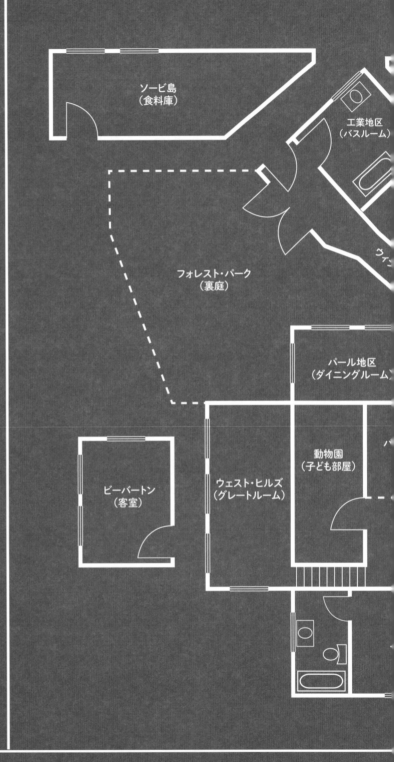

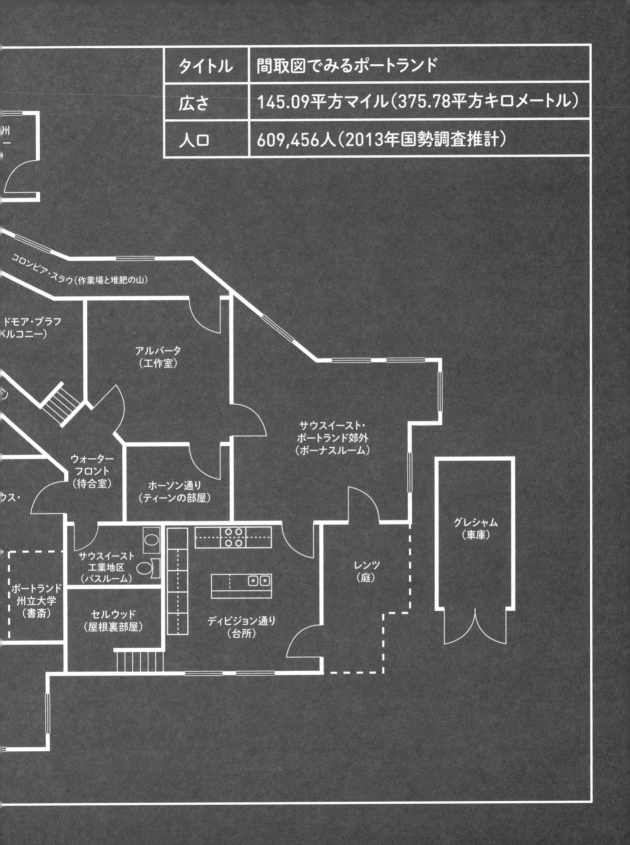

ネイバーフッド・カラーパレット

ここに表現された色は、初めはバラバラに見えるかもしれないが、より詳しく見るとポートランドの街路や地区の様々な個性を伝えるパターンが鮮明になる。商業地区の建物は大胆な色使いで、明るく、色とりどりである。住宅ゾーンの色はもっとおとなしいが、それでも地区の特徴を反映している。たとえば、郊外型開発の淡白さ、ジェントリフィケーション[P.134-135参照]の流行色、あるいは住宅ストックの大きさ、様式、築年数などだ。そして、たとえ色彩の意味が謎のままだったとしても、そのパターンにはストーリーがある。これらの地図を作るために、様々な地区の街路から選ばれた建物の色を、グーグルマップ・ストリート・ビューから抽出した。

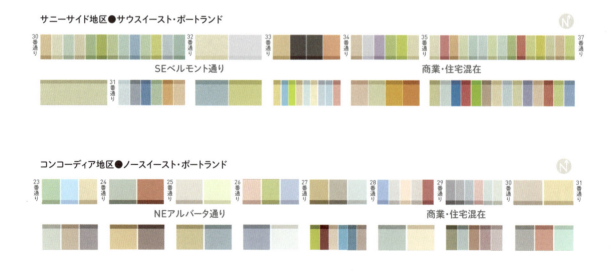

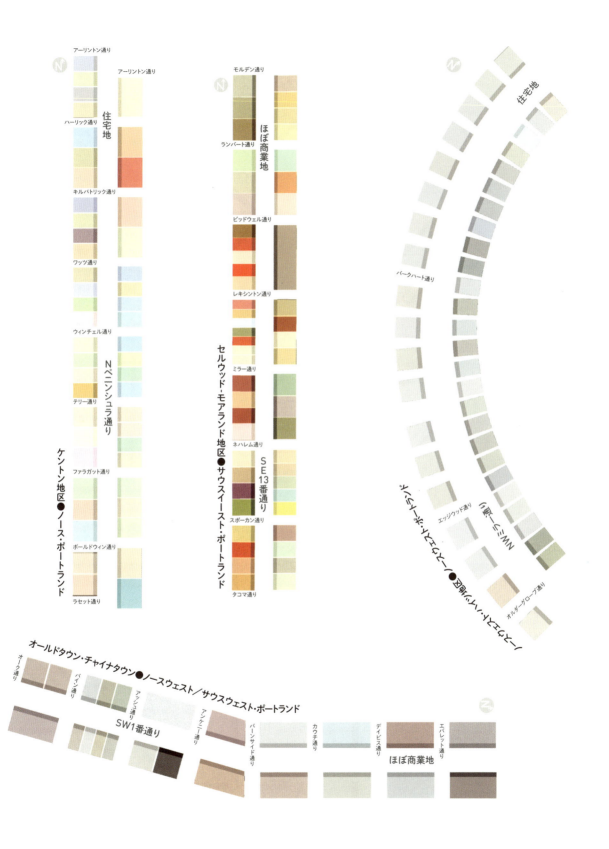

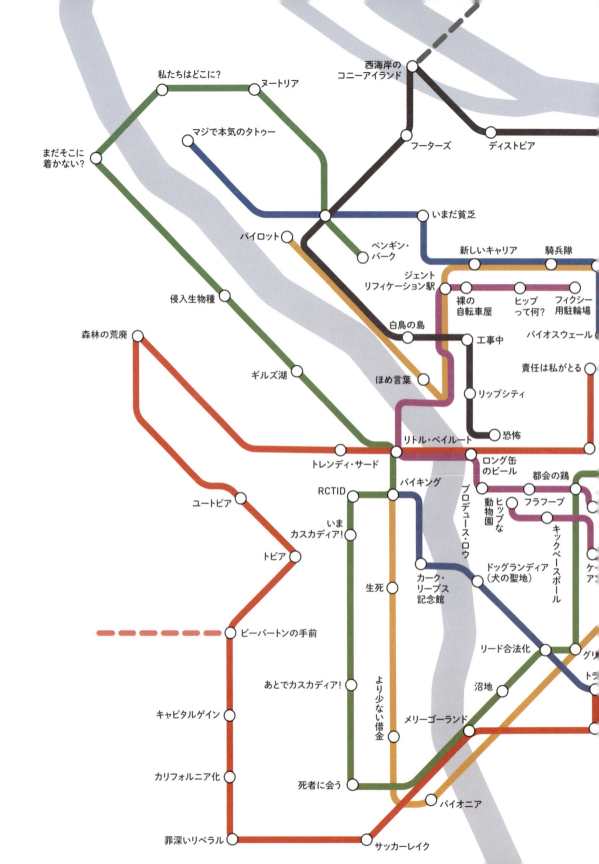

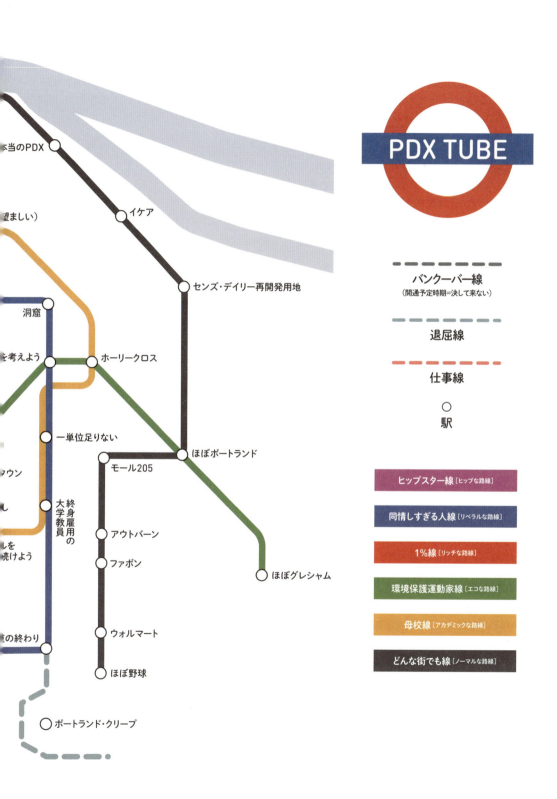

イントロダクション
ポートランド：カスカディアの都市

ポートランドはオレゴン州の都市である。ポートランドは太平洋岸北西部の都市である。ポートランドはアメリカ合衆国の都市である。ポートランドはカスカディア（Cascadia）の都市である。この地図帖の出発点としては、そのいずれの表現も可能だ。もし私たち著者がポートランドをオレゴンの一部として紹介すれば、我々はポートランドがオレゴンであるという共通認識を強め、読者がオレゴンについて知っているすべてのことはポートランドを理解するための基礎になる。もしポートランドを太平洋岸北西部やアメリカ西海岸の一部として紹介するならば、私たちはまず何が太平洋岸北西部やアメリカ西海岸を定義づけるのかを考えるよう読者にうながし、そして次にポートランドをそのフレームワークに合わせる。ポートランドをアメリカ合衆国の一都市として強調するような紹介の仕方は、アメリカ国内での位置に注目することでポートランドを最もよく理解できる、という考え方を後押しする。

これらはすべてポートランドを一つの場所として枠づける標準的な方法であり、どれも間違ってはいない。しかしそれらはありきたりの方法であり、この街を理解するうえで、オレゴン、北西部、西海岸、そしてアメリカ合衆国について型どおりでしばしば紋切り型の見方を進めてしまう傾向もある。この地図帖は、多くの異なる視点から場所（特にポートランド）を探ることを目的としている。そこで私たちは、ポートランドを異なるコンテクストで、つまりカスカディアの一部として紹介することにした。ポジティブかネガティブかはともかく、カスカディアがすでに大きな意味をもつ人もいる。しかしより多くの人々にとって、それはちょっとしたミステリーであり、未知のものである。

カスカディアを画定する境界線の組み合わせに広く認められたものは存在せず、人々はそれをどう描くのかについて様々な考えをもっている。境界線は地域に一体性を与える。境界線を選択したり描いたりするという行為は非常に重要である。なぜなら、地図上の境界線は場所をどう理解すべきかについての枠組みとなるからだ。地図製作者はどの特徴によって場所を定義すべきかを判断し、そしてそれにしたがって境界線を描くのである。

それぞれの地図はカスカディアがどこにあるかを示すだけでなく、カスカディアをどう考えたらよいのかについてのアイデアを提案している。これは重要な点である。というのは、カスカディアに対するそれぞれの見方が、一つの場所としてポートランドを理解するための様々なコンテクストや異なる出発点を示唆しているからである。あらゆる地図は何かを犠牲にしつつ、ある特徴を強調して描くのである。地図上に何かを表現する力は、人々の場所の見方を形作っていく力であり、私たちは場所を理解することで最終的に世界というものを理解するのである。

生態地域としてのカスカディア

この地図はもっとも有名なカスカディアの表現の一つ、デイビッド・マクロスキーのカスカディアを描いている。マクロスキーはシアトル大学で社会学の教授であった1970年代にこの境界線を引き、カスカディアという用語をつくり出した。マクロスキーのカスカディアに対するビジョンは、生態地域主義のイデオロギーに起源をもつ。その概念は、場所は社会政治的にではなく生態学的現実に従って構成されるべきというものである。マクロスキーは、水の特徴的かつ象徴的な役割によってカスカディアが明確に区別されると論じた。したがって、これらの境界線は流域に沿って引かれている。この考えに基づくカスカディアは、州の境界線ではなく、太平洋とロッキー山脈を西側と東側の主な境界とし、メンドシノ岬からアラスカ・パンハンドルまで広がっている。

マクロスキーはカスケード山脈を重視したことで、デイビッド・ダグラス——この地域へのヨーロッパ人入植の歴史における重要人物——と結び付けられる。よく知られているように、ダグラスは山脈の至る所で見た素晴らしい滝を理由に、カスケード山脈にその名を与えた［カスケード（cascade）は連続する小さな滝という意味］。奇妙なことに、［探検隊・探検家の］ルイス＝クラークもバンクーバーも、その山脈に名前を付けなかった。マクロスキーが共鳴するのは、滝が流れ落ちる土地としてこの地域をまず理解すべきだと強調する、ダグラスの水に対する着眼点なのである。

マクロスキーの地図は、カスカディアの生態地域の自治拡大を進めるいくつかの団体によって使われている。生態地域主義の鍵となる教えは、私たちの暮らしや消費において、より地域的で地元に根ざしたアプローチを支持し、グローバルなシステムを避けるというものだ。生態地域主義が呼びかけているのは、私たちが暮らす場所に対して再び強い関わり合いをもつことなのである。

マクロスキーの地図を使っている団体の一つが、カスカディアン・インデペンデンス・プロジェクト／カスカディア・ナウ（CIP）だ。それは、「ローカル・デモクラシーやグローバル・コミュニティ、そしてワシントン州、オレゴン州、ブリティッシュコロンビア州の自由かつ最終的な独立を支持し、その意識を高めることに尽力する草の根の社会運動」である。彼ら彼女らは地域の至る所で「土地の権利、個人の権利、環境の持続可能性、社会正義、そして自由」に挑戦している。ワシントンDCやオタワといった首都からの自治拡大が最初の焦点のようだ。この地域の社会文化的な特徴に対する関心を集め、「生態地域の独立性」を高め、そして社会正義のプラットフォームを促進するという目的を主張している。

このバージョンのカスカディアは、環境保護主義と社会正義を促進するシアトル拠点のシンクタンク、サイトライン協会によっても使われている。この団体は、地域住民が「この場所の自然遺産——歴史上最も豊かな文明における最も環境に優しい部分——とうまく調和できる」ように努めている。サイトライン協会は1994年以来、カスカディア・スコアカードという持続可能性を評価した成績表を毎年発表しており、その年次報告書では、ヘルスケアや人口トレンド、エネルギー利用と創エネルギー、都市と郊外のスプロール化［無秩序な開発の拡がり］、野生生物、そして環境汚染について調べ、この地域全体の環境および社会的ウェルビーイング［良好な状態］を研究している。

沈み込み帯としてのカスカディア

しかし、マクロスキーのつけたこの地域の名前は、カスケード山脈に由来するものではない。地質が、カスカディアという名を与えてくれたようである。マクロスキーによるカスカディアという語の使用は、ベイツ・マッキーが1972年に著した『カスカディア：太平洋岸北西部の地質的進化』に基づいている。同書はこの地域の地質に関する詳細な調査報告である。マッキーの研究では、カスカディアという用語は控えめに、仮説上の「沖合の陸塊」を参照するものとしてのみ使用された。マッキーはカスカディア海盆を「活発な浸食のある大陸と大陸棚の先にある海底山脈の間に位置するもの」と記述している。

マッキーが参照したエリアは現在、一般にカスカディア沈み込み帯と呼ばれている。沈み込みとは構造プレートの収束——あるプレートが、別のプレートによって上から押し付けられて地球のマントルに沈み込んでいくこと——である。地域一帯に火山が存在することは、この現象によって説明される。このことから予想する人もいるだろうと皮肉を込めて、カスカディア・デーは、1980年のセントヘレンズ山噴火の記念日として5月18日に祝われている。カスカディアの記述においては地上の生物地理がよく引き合いに出されるが、地質学者であるマッキーがそれを調べることは無かった。沈み込み帯としてのカスカディアはあまり知られていない。しかしマクロスキーは、この地質学に基づく地名を借りて、生態地域の名前として世に広めたのである。

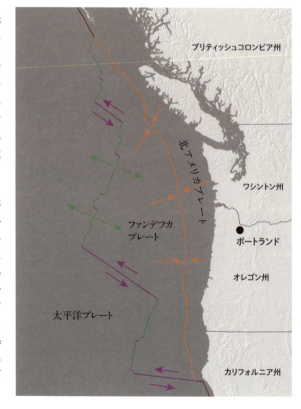

コロンビア川流域としてのカスカディア

マクロスキーのカスカディアが広大な流域水系を含むよう描かれているのに対して、この視点はコロンビア川流域のみに焦点を当てている。コロンビア川は、この地域の多くの先住民にとって経験の中核をなすとともに、彼ら彼女らを立ち退かせたヨーロッパ人にとっても不可欠なものだったことがわかっている。このカスカディアは、シアトルやバンクーバーを含まないため、あまり広く受け入れられていない。つまり、このカスカディアの考え方では、ポートランドが最大都市になるということだ。このエリアそのものを生態地域と捉えて、「コロンビアナ」と呼んできた人もいる。

カレンバックのエコトピアとしてのカスカディア

エコロジカル…ユートピア…エコトピア！ エコトピア［環境の理想郷］とはまさにカスカディアにぴったりの造語だが、誰かがそれを一般用語として広めなければならなかった。そこで、環境の理想郷が北アメリカの西海岸沿いに出現しているという考えを広めるのに、特に2冊の本が重要な役割を果たした。エコトピアが特定の場所に存在するという認識は、これらの本によって定着することになった。

アーネスト・カレンバックによる1975年の小説『エコトピア：ウィリアム・ウェストンによる日記と特派報告』［邦題『エコトピア・レポート』小尾芙佐訳］は1970年代の環境運動から現れた。その中で詳しく述べられているのは、分離独立したエコトピア共和国を20年ぶりに訪れたアメリカ人レポーターの語りである。エコトピアを指し示した原書の表紙では、カレンバックはおおむね、オレゴン州とワシントン州の全域およびカリフォルニア州北部の一部を含む既存の政治的境界に倣っている。小説では、サンフランシスコがエコトピア共和国の首都である。事実、この本はもっぱら、彼が地域全体の代表にふさわしいと考えるカリフォルニア州北部に焦点を当てている。

カレンバックのエコトピアには、車の無い都市、有機肥料、無公害のエネルギー源、高品質のテレビ電話、自由で脱中心的な報道機関、そして週20時間労働がある。マリファナは合法だが、電子レンジは非合法だ。対立チームと競い合うスポーツの観戦は、アウトドアに適した参加型アクティビティに取って代わられた。市民たちは「不安になるほどくつろいで」、「ものすごく情緒的に」なり、風車で子どものように楽しむ傾向がある。この地域はとても理想郷的で、市民たちはもはやささいなことへの嫉妬心をもたない。法律は、シンプルに正しいことをするよう遺伝子に組み込まれたような民衆によって例外なく守られているため、強制されることもあまりない。にもかかわらずとても気掛かりなことに、カレンバックの考えでは、多くの黒人住民がこの地域内の都市国家へと追いやられる——

イントロダクション　19

大規模なレッドライニング計画［P.132-137参照］である。

『エコトピア』は批評家からほとんど評価されなかった。しかし一部の熱狂的ファンにとっては、環境保護の約束の地を太平洋岸北西部に置くとしたカレンバックの決定が、カスカディアに関して重要だったのだ。『エコトピア』はフィクションだが、生態系の楽園がこの地域に出現しているという考え方を強め、この場所に独特のナショナル・アイデンティティ同然のものがすでに存在するという考えを推し進めている。

ガローのエコトピアとしてのカスカディア

カスカディアをエコトピアとして広める鍵となった2冊目の本は、ジョエル・ガローの『ナインネイションズ・オブ・ノースアメリカ』［1981年：邦題『どのアメリカが怒っているのか：九つに分断された超大国』李隆訳］である。ガローは、この大陸の生きられた現実をよりよく反映した9つの地方を提唱することによって、北アメリカに対する伝統的な見方に挑戦する。彼は、自身のエコトピアという国の着想源としてカレンバックの著書を引用している。ガローのエコトピアはカレンバックのものよりかなり北に延びているが、東へはそうでもない。それはアラスカのキーナイ半島から、サン・ルイス・オビスポとサンタバーバラの間にあるカリフォルニア湾のコンセプション岬まで広がっている。東側の境界は、カナダのコースト山脈とアメリカのカスケード山脈である。ガローの地域において重要な環境上の特徴をなすのは、気候である。この地方は、北アメリカの降水量マップにみられる雨量の多い地帯と極めてよく似ている。

同書は1981年に出版されたものだが、この地域についてガローが記述したことの多くは、今日においても真実味がある。ガローはエコトピアを社会的かつ環境的な楽園として、対抗文化的な運動やオルタナティブなライフスタイルが繁栄し主流となる場所として描いた。彼はエコトピアの人々が物的財産や社会的地位よりも生活の質を重んじると述べる。エコトピアの人々にとっては、（お金、製品、車、工場が）少なければ（良い生活の質を）より多く得るのだと、ガローは主張している。

しかし理想郷であることは簡単ではない。ガローにとっての太平洋岸北西部の暮らしはカレンバックの空想とそう大きくは違わないが、彼はこの地域とその住民に対していくつかの厳しい批判も行っている。ガローはエコトピアを、うぬぼれていて、エリート主義で、白人特権の拠り所であるとあざ笑う。彼はまた、エコトピアの人たちはこの地域の手つかずの自然を「カリフォルニア化」することに夢中であり、大陸の残りを「めちゃくちゃなもの」としてみる傾向があると示唆している。ガローがこの地域に対して提案したモットーは、「放っておいて」である。

ブリティッシュコロンビア州、オレゴン州、ワシントン州としてのカスカディア

この地図は、ブリティッシュコロンビア州とオレゴン州、そしてワシントン州からなるカスカディアを描いたものである。州の境界を利用したカスカディアは他にもいくつかの形態が存在する。オレゴン州、ワシントン州、アイダホ州のみを含むバージョンもあれば、モンタナ州を加えたものもある。地域を表現する方法として、これらは一般的なものだ。なぜなら州の境界線はすでに存在しているからである。おなじみの境界区分が初期設定となるため、ある意味、カスカディアが既存の州境を脅かす存在にはならない。ブリティッシュコロンビア州、オレゴン州、ワシントン州からなるカスカディアは、ポートランドを拠点にする**ホップワークス・アーバン・ブルワリー**の季節限定ビール、オーガニック・セセッション・カスカディアン・ダークエールのボトルの目立つところに描かれている。

また、境界線を現行の政治的境界から導き出すことで、カスカディアの人口や経済に関する統計はかなり作成しやすくなる。州のデータはすでに存在しているからだ。これによってカスカディアの支持者、とりわけ自由貿易地域主義への賛同者たちは、国民総生産や成長ポテンシャルを示す立派な数値データを自慢できるようになる。

グローバルな競争力をもつ自由貿易地域としてのカスカディア

「ショッピングを兼ねて自然体験ができるカスカディアは最高だ」
──ポール・シェル

1989年のカナダ―アメリカ自由貿易協定(CUFTA)の成立以来、越境的な地域を支持する新たな動きが、自由貿易論者や企業経営者、政治家の間で現れてきた。カスカディアはこの観点からすると、競争の激しいグローバル経済の勝ち組となるための理想的な手段と理解される。1999年から2002年までシアトル市長を務めたポール・シェルは、メインストリート・カスカディア輸送回廊というものを主張し、この考えを推し進めた。この地図はシェルのアイデアを表現したもので、自由貿易を支持するカスカディアの人々の願いを反映したカナダ・バンクーバーとアメリカ・ユージーンを結ぶ高速鉄道路線、カスケード線を示している。

自由貿易論者は、アジア、北アメリカ、ヨーロッパを結び付けるのに、カスカディアが理想的な位置にあると主張する。この主張では、カスカディアを推進することとグローバル化を称賛することが不可分のものとなる。鍵となるのは、シアトルに拠点を置くディスカバリー協会だ。この団体は、「グローバルな競争力を保つために必要とされる、ワシントン州とオレゴン州、ブリティッシュコロンビア州間を結ぶ、円滑で調和がとれ、かつ拡大した交通システムの研究」を目的としたプロジェクトを行なっている。カスカディア回廊委員会やカスカディア市長協議会、あるいは太平洋回廊企業協議会(PACE)といった機構を通じて、地域的な協力関係が進展していると言われている。

奇妙な話だが、世界貿易機関(WTO)への抗議デモが暴動化した1999年、シェルはシアトル市長だった。「シアトルの戦い」はグローバル化との戦いという文脈でみられがちだが、競合する2種類の主要なカスカディア──生態地域のエコトピア対ハイテク産業中心のグローバルな自由貿易ゾーン──の衝突として解釈することもできる。批評家たちは、自由貿易の支援者が、エコトピアの支持者からカスカディアを奪ってしまうのではないかと懸念している。

イントロダクション 21

カスカディアの前途？

カスカディアの牧歌的過ぎるイメージ作りに対しては、抵抗するのがベストなのかもしれない。フィリップ・レスニックは、この地域内に似通った点があるのと同時に、特徴的な緊張関係——アメリカ／カナダ、沿岸部／高地砂漠、リベラル／保守派、既成宗教／無所属——もあることを指摘し、カスカディアに理想郷を見出すことに警鐘を鳴らした。シアトルとバンクーバー、そしてポートランドは、多くの面で協力的というよりも競い合っている。

レスニックは次のように警告する。「私たちは西海岸のオルタナティブなライフスタイルの合言葉としてただカスカディアを引き合いに出すよりも、それ以上のことをする必要がある。私たちはもっと環境面で敏感になり……物を持たない生活を学び……このアメリカ大陸と世界の片隅に自分たちの居場所を打ち出すべく、より精巧な文化的・精神的な在り方を検討するべきではないのだろうか。しかし私たちはまた、傲慢さよりも慎み深さを育てるように努める必要がある……。この地球上の理想郷……の先駆けにブリティッシュコロンビアと太平洋岸北西部がならないであろうことを知りつつも、新しい始まりを想像するように試みよう」と。

同じような考えで、私たちはポートランドについても既定の解釈に頼り過ぎることを戒めている——それがメディアの伝えるこの都市の一般的な評価であっても、地元の人が毎日無意識に伝えているそれぞれの見方であっても。この地図帖は、ポートランドを新たな、そして幅広い観点から理解するためのガイドブックである。この本は思いがけないポートランドの地理に出会うための入門書であり、私たちの好奇心を刺激してくれるこの都市への地図の贈り物でもある。

ダグ（THE DOUG）

カスカディアの人々はこの地域を象徴する旗をいくつか創ったが、最も広く受け入れられたのはダグ〔ダグラスの愛称〕である。多くの人にとっては、最も見覚えのあるカスカディアのシンボルとなった。ダグという名称は、カスカディアの伝承のなかで重要な位置を占めるデイビッド・ダグラスに由来して名付けられた、ダグラスファー〔北米産のマツ科の針葉樹〕を参照したものだ。

この旗のデザイナーであるポートランド出身のアレクサンダー・ベアティックは、旗の各要素の象徴的な重要性を次のように説明する。「青は、湿っぽくて奥深い空と太平洋、セイリッシュ海、湖、川、そしてその他いくつもの陸水を表している……。白は、水が状態変化した雪や雲を表現する。緑は、森林や原野を表しており、これらもまた、多様な生物の生息する土地に命の恵みとなる水を供給する。旗の中央にそびえ立つダグラスファーは忍耐力と果敢な抵抗を象徴している。」

ベアティックのカスカディアに対する見方は生態地域主義に由来しており、地域を大切にすることは自分自身を大事にすること——そして、地域が受けたダメージは自分自身へのダメージでもあるといった考えを強調したものである。

雑誌『ポートランド・マンスリー』においてマーティン・パテールは、カスカディアのナショナリズムとダグに対して興味深いコメントをしている。「政治的に存在しないことがカスカディアの素晴らしい財産なのかもしれない。この幻の国は、納税や戦争への加担を要求せず、耐え難い政治家もいない『国家』に帰属する絶好のチャンスを、北西部の人々に与えているのだ。そのうえもし忠誠を誓いたい衝動に駆られたのなら、敬礼する旗もある。」

ポートランドらしさ

2008年、「場所の感覚」(センス・オブ・プレイス)という授業のなかで、私たちは学生に他の都市にはないポートランドの特徴——単なる個人的印象ではなく、街の外から来た人々がポートランドを説明するのに使いそうな特色——を挙げるように求めた。40人の学生グループは80以上の様々な特徴を並べたが、多くは繰り返し挙げられたものである。

トップ12は、
1. 環境意識が高い
2. リベラル
3. マイクロブルワリー
4. コーヒー
5. 雨／曇
6. イノベーティブ
7. 芸術／音楽／文化
8. 薔薇の街
9. 公共交通機関
10. 自転車に優しい
11. アウトドア派
12. 多様性／寛容性

さて、このリストをどう捉えればよいだろうか?これらの特徴は、ポートランドの全体像を表しているのだろうか、それとも文化の一部を説明するに過ぎないのだろうか?ポートランドらしさは市の境界に制限されるのだろうか、それとも郊外コミュニティの一部へと広がっているのだろうか(下の地図参照)?この地域に住んでいる私たちは、誰もがポートランドらしいと言う場所も、典型的なイメージに合わない場所も思い浮かべることができる。ということは、ポートランドらしさには異なるレベルがあるのだろうか?そこで、地理情報システム(GIS)の登場だ。以下に示す地図は、これらの文化的特徴を視覚化するためにGISを用いた結果である。このような空間的表現を創り出すためには、列挙された文化的特性の代理指標が必要であった。それらは、都市圏(メトロエリア)内での地域差を示すのに十分な空間解像度をもち、地図に掲載できる属性でなければならなかった。また、ポートランドらしさの表現は不変ではない。実際、オリジナルのリストにあった流行の文化的現象の一つ(コーヒー)は、新しいもの(フードカート[屋台])に置き換えられた。

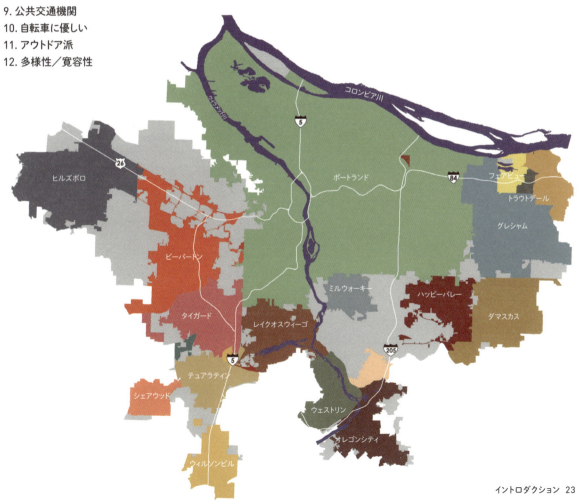

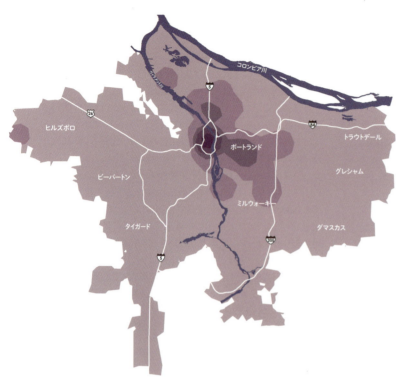

フードカートは、ポートランドの特徴を示した2008年のオリジナルリストには載っていなかった。その後フードカートの激増があり、成長著しいポートランドのフードシーンを代表する表現の一つになった。多くの都市におけるフードカートと違って、ポートランドのカートは固定できるため、他にはないストリート・フードの楽しみを体験できる。フードカートの所在地はオンライン上のリストから入手し、密度分布の計算に利用した(600以上のフードカートがこの地域にある)。

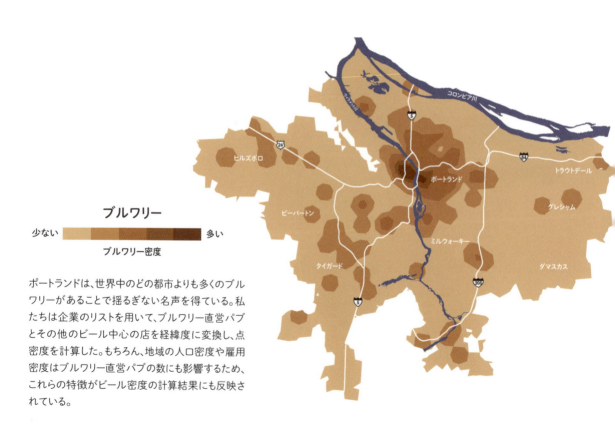

ポートランドは、世界中のどの都市よりも多くのブルワリーがあることで揺るぎない名声を得ている。私たちは企業のリストを用いて、ブルワリー直営パブとその他のビール中心の店を経緯度に変換し、点密度を計算した。もちろん、地域の人口密度や雇用密度はブルワリー直営パブの数にも影響するため、これらの特徴がビール密度の計算結果にも反映されている。

おなじみのレッド・ステート［共和党支持者の多い州］とブルー・ステート［民主党支持者の多い州］の地図のように、投票結果は保守派とリベラル派の空間的分布を描くのによく用いられる。リベラル／保守的傾向のうまい表現の一つとして、私たちは法案80（オレゴン州でのマリファナ合法化への試み）に対する2012年の投票を取り上げた。これほどはっきりと賛否が分かれる投票法案は、他にはめったにない。投票結果は投票区ごとに入手可能であり、都市圏内に600以上ある。法案80は州全体で、54％対46％という結果で敗れた。

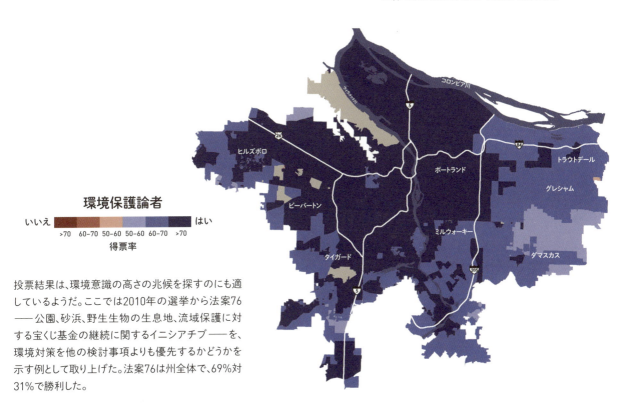

投票結果は、環境意識の高さの兆候を探すのにも適しているようだ。ここでは2010年の選挙から法案76——公園、砂浜、野生生物の生息地、流域保護に対する宝くじ基金の継続に関するイニシアチブ——を、環境対策を他の検討事項よりも優先するかどうかを示す例として取り上げた。法案76は州全体で、69％対31％で勝利した。

イントロダクション 25

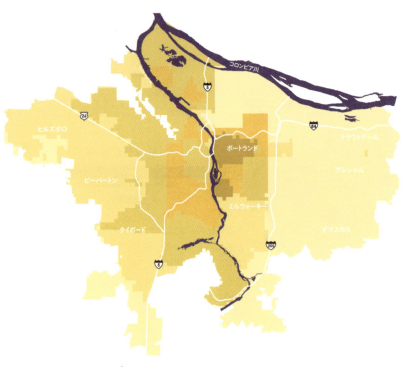

自然エネルギー利用

少ない ▬▬▬▬▬ 多い
エコな居住者密度

この大都市圏を管轄しているポートランド・ジェネラル・エレクトリック社（PGE）を通じて、住民は自然エネルギーに対して割増料金を支払うことを選択できる。100％の電力を再生可能エネルギー（環境にやさしい水力発電、新しい風力発電、新しいバイオマス発電など）によってまかなったり、単位あたり200kWhに相当する風力エネルギーのユニットを購入したり、月々2.50ドルを追加して支払うことで鮭や他の魚の生息域となる小川をサポートしたりすることを選択できる。ここで示されているデータは、自然エネルギーのオプションを購入した住民あるいは事業者の郵便番号をもとに集計したものである

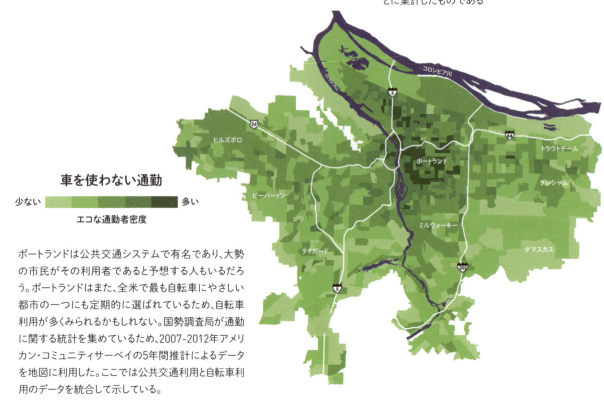

車を使わない通勤

少ない ▬▬▬▬▬ 多い
エコな通勤者密度

ポートランドは公共交通システムで有名であり、大勢の市民がその利用者であると予想する人もいるだろう。ポートランドはまた、全米で最も自転車にやさしい都市の一つにも定期的に選ばれているため、自転車利用が多くみられるかもしれない。国勢調査局が通勤に関する統計を集めているため、2007-2012年アメリカン・コミュニティサーベイの5年間推計によるデータを地図に利用した。ここでは公共交通利用と自転車利用のデータを統合して示している。

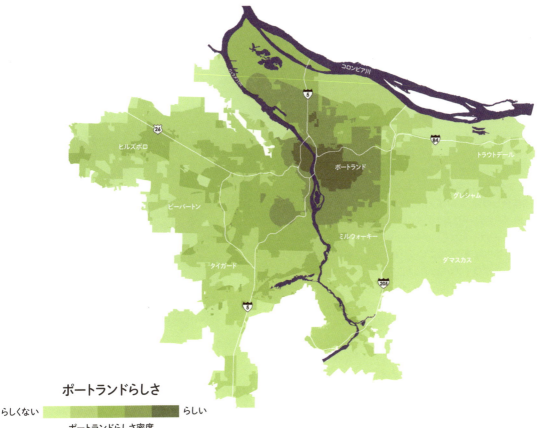

ここで示した地図は、ポートランドらしさの指標を作るために共通の尺度でポートランド住民の特徴——環境意識が高く、リベラルで、公共交通や自転車で通勤し、自然エネルギーを使い、フードカートを好み、そしてクラフトビールを飲んでいるような人々——を統合したものである。ビールやフードカート、リベラルさ、自然エネルギーといった要素は特に、街の中心部に集中している。環境意識が高い人や車通勤をしない人の分布は、もっと分散したパターンを示す。以上を総合したポートランドらしさの核心部分は、都心のパール地区とノースウェスト地区、そして東側の中心部からマウント・テイバーにかけて見られる。他にもポートランドらしい地域として、南部のセルウッド、北東部のミシシッピ通りやアルバータ通り、西部と南西部のウェスト・ヒルズやマルトノマ・ビレッジなどがある。ポートランドらしさは、街の中心から外にかけていびつな同心円状に低下していくものの、ビーバートンやヒルズボロの一部、そしてレイクオスウィーゴを含む郊外にも、その「らしさ」を延ばそうとしている。一方で、ポートランドらしくない地域は、東部と南部の郊外に見られる。そこは最も新しく市に併合された地域であり、州間道205号線の東側の市域内に広がる多くのコミュニティが含まれている。この地図を見ると、市のリアルな境界線はオフィシャルなものとは違う、ということが窺える。

もちろん、この地図はポートランドの文化的特質を視覚化する一つの方法に過ぎない。また、次のように多くの疑問を投げかけるものでもある。

- 「ポートランドらしさの強い地区」は本当に大衆的なイメージのポートランドなのか、それともニューヨークタイムズ紙が記事の題材にするような一側面に過ぎないのか？

- ポートランド都市圏の中心から遠く離れた地区は本当にそれほど文化的に違うものなのか？

- 同じモノサシで地図を描けば、シアトルやサンフランシスコも似たように見えるのか？

- ポートランドらしさの計算式に入れる要素を変えれば、その空間的分布は大きく違って見えるだろうか？

- この地図は個々人が思い描くポートランドとどのくらい一致するのだろうか？あなたなら、どこに境界線を引くだろうか？

ポートランド 対 ポートランド

1845年に行われたアサ・ラブジョイ(マサチューセッツ州ボストン)とフランシス・ペティーグローブ(メイン州ポートランド)によるコイントスの話は幾度となく語られてきた。ウィラメット川のほとりにあるこの新しい都市に、彼らのどちらが、東海岸にある自分のホームタウンにちなんだ名前を付けるかを決めようとしたのだ。ペティーグローブが勝利し、オレゴン州ポートランドが誕生することになった。

そんな決定をコイントスに委ねるのは、馬鹿げているように思える。もしこの160年余りの間、オレゴン州ボストンになっていたとしたら、オレゴン州ポートランドはどうなっていたのだろうか? もしこの地のネイティブアメリカンにならいチヌークやマルトノマと名付けられていたら、この都市は違うものになっただろうか? あるいは、もしフランシス・ペティーグローブが傲慢にも自分の名前にちなんで、フランシス・ポリスやペティー・ビルと名付けていたら? そして、私たちの街と同名のメイン州ポートランドとはどのようなところなのだろうか? そこはオレゴン州ポートランドとどう違うのだろうか?

メイン州ポートランドは、イギリス海峡に突き出たイギリス・ドーセット州の最南端に位置するポートランド島に由来する。そこは島民の大半が労働者であり、島の地層をなす美しい石灰岩を切り出す大きな採石場がある。その労働による生産物は、地理的に、そして社会階層的にも遠く離れたロンドンにあるセントポール大聖堂やバッキンガム宮殿を装飾するのに使われた。ポートランド島からの入植者たちはメイン州ポートランドに行き着いたのだが、そこで目にした材木業や漁業が採石労働者たちの勤勉な仕事ぶりを思い起こさせ、新天地に故郷の面影を見たのであろう。しかし時が経つにつれて、労働者階級の地域のままであるポートランド島とは対照的に、メイン州ポートランドはブティックの立ち並ぶ高級住宅街へと変わっていった。類似性はほとんど残されていない。

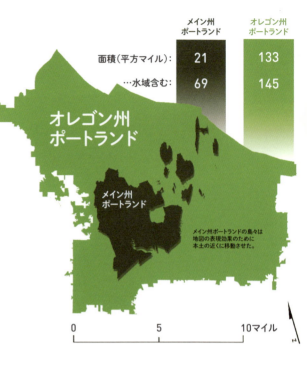

現オレゴン州ポートランドをめぐる
コイントスの競争相手

しかし、メイン州ポートランドとオレゴン州ポートランドは多くの文化的特徴を共有している。両ポートランドは労働者階級のバックグラウンドを有しており、木材産業が経済の大部分を占めていたが、林業でチェック柄のシャツを着た男から、ヒップスター時代のチェック柄のシャツを着た男女へと各々が変化してきた。

ビア・スノッブ[知識をひけらかすビール通のこと]が蔓延し歯止めがきかないように、ビールは両都市の文化において中心的役割を担っている。どちらの街でも、バーでハイネケンを注文したら、周りの人々がだんだんあなたから離れていくのを目の当たりにすることになる。どちらかの街でビールの後味の滑らかな風味について不用意なコメントをしたら、その同じビールのキャラメルの風味や酵母の香りについての真摯な議論を喚起することになる。これらの街では、メイソンジャー[ガラスの広口瓶]に注がれるかもしれないけれど、ビールに支払う5ドルを準備しよう。

両都市は四季を通じて、大勢の熱狂的な自転車ファンの集団を擁している。メイン州ポートランドでは、極寒の雪の中、人々は自転車に乗る(タイヤ・トレッドだけ変更すればいい)。ほとんど雪は降らないが雨の多いオレゴン州ポートランドでは、自転車乗りは時折の激しい土砂降りの中を走るだけでなく、8カ月にわたる濡れた路面とネオプレン製の防水装備に耐えることになるだろう。どちらの場所でも、この悪天候に対処することが、自転車文化に加わる名誉のために支払う代償なのだ。

両都市は無類の犬好きでもある。犬は多くのレストランやギャラリー、博物館、そしてイベントで歓迎される。もし犬同伴が不可でも、とりあえず人々は愛犬を連れて行く。両ポートランドにおいてこれは当然であり、犬は社会のあらゆるレベルで受け入れられている。人々は動物愛護のために活動しており、犬にやさしいことが誇りの源になっている。施しをするとは思われていない銀行でさえも、子犬のためには水の入ったボウルを外に置いておくのである。

どちらのポートランドにもファーマーズマーケットがあちこちにある。メイン州ポートランドで最大のファーマーズマーケットは、モニュメント・スクエアにおいて開催されている。しかし、オレゴン州のポートランド州立大学のそばにあるサウスパーク・ブロックで行われるサタデー・ファーマーズマーケットはそれよりも大きい。

どちらのポートランドにも活気あるLGBTQコミュニティがあり、人々は比較的自由で安全にセクシュアリティを表現できる。ともにやや保守的な州に位置するリベラルな都市であるが、州内では人口が多いため、両ポートランドが最大の発言力をもつ。多様性や他者の受容を称賛するものの、どちらも極端に白人に偏っている。とりわけ、両ポートランドの都心部は、ほとんどが大学卒（あるいは在学中）の白人の若者から構成されているように見える。

メイン州ポートランドのモニュメント・スクエアをぶらぶらするのは、オレゴン州ポートランドのパイオニア・コートハウス・スクエアでうろつくのによく似ている。唯一違うのは、モニュメント・スクエアはアート地区の中心にあり、コーヒーが地元のオーナーによる店や売り場で作られていることだ。というのは、アート地区とオールドポート地区では、地元以外のオーナーによるあらゆる商売が市議会によって禁止されているからである。オレゴン州のパイオニア・コートハウス・スクエアには、すぐに一杯のコーヒーが飲めるよう広場内に**スターバックス**がある。

しかし、オレゴン州ポートランドの市域には複数のアート地区があり、そこでは地元オーナーによる商売やカフェが当たり前となっている。オレゴン州ポートランドのアルバータ・アート地区で毎月開催されるラストサーズデー・フェスティバルは、メイン州ポートランドで毎月行われるファーストフライデー・アートウォークに似たところがあり、そこではギャラリーが営業時間を延長して一般に無料公開されている。ストリートパフォーマーやハンドメイドのアート風作品を売っている人たちはどちらのイベントにもいる。市の中心部全体に広がっているのは、メイン州のファーストフライデーだけだ。

ポートランドという名前から予想する人もいるだろうが、どちらも部分的に水域に囲まれている（メイン州ポートランドはキャスコ湾、オレゴン州ポートランドはウィラメット川とコロンビア川に）。しかし、両都市で自慢のタネになっているのは飲み水だ。どちらにもきれいで新鮮な水が豊富にあり、ペットボトル入りのミネラルウォーターを飲む気が失せてしまう。もちろん地元の良質な水はビールにとって最も重要な原材料であり、それは両都市で交わされる会話（そして両都市についての評論）が決まってたどり着く話題なのである。

美しさ 対 若さ？

中心部の建築年代の比較

I. 都市の景観

多くの人にとって、「ランドスケープ（景観）」という言葉は自然環境に結び付く。これは当然のことで、なぜなら何千年もの間、世界中のほとんどの人間は農村部で暮らしてきたからである。人々は地平線の彼方に、危険をもたらす場所や、水や食べ物、住みかを提供してくれる場所があるかどうかを、ランドスケープから読み取っていたものだ。

今日、ほとんどの人間は都会で生活するなかで、次第に都会のランドスケープを読み取りながら移動するようになった。異なるように見えて、田園と都会のランドスケープには共通点がたくさんある。注意深く見てみると、ランドスケープは隠されたストーリーをつまびらかにする。ランドスケープは最初に目にした時よりももっと複雑なことが多く、実際の文章のように、その行間を読むと、新しい意味をもたらすこともある。

ポートランドは進歩的なプランニングと革新的なアーバニズム〔都会的な生活様式〕で有名だ。都市的なランドスケープの多くの要素がその評判を作っている。ポートランドの有名なイメージとして多く取り上げられるのは、自転車やライトレール、路面電車を含む、環境に配慮した交通手段である。他にも代表的なものとして、市街地の公園やフードカート、バラ園もある。けれども、ポートランドのランドスケープにはライフスタイル誌に書いてある以上のことが存在している。たとえば、歴史的にみるとポートランドの都市景観には工業の存在感が強く表れ、それは特にウィラメット川沿いで顕著だ。そして、現代的なランドスケープに過去の産業の姿を残そうという取り組みもある。

ポートランドはそれぞれの特徴をもった独特な地域から成る都市でもある。これは街の各地域のランドスケープに明らかに現れている。この章では、ポートランドの都市景観や地域を、多角的で自由な視点から見ることにしよう。

ブリッジ・タウン（橋の街）
ポートランドとウィラメット川

跳ね上げ橋、カンチレバー橋［片持ち梁の橋］、トラス橋［三角形の桁をつないだ構造の橋］、結合アーチ橋、吊り橋、垂直リフト橋など、ポートランドには様々な固定橋や可動橋がある。セントジョンズ橋やフリモント橋のような、クラシックな姿が目に焼きつく橋。他の橋は全くもって醜い。マルクアム橋のような見せかけの高速道路のランプが好きな人はいるのだろうか。バーンサイド橋の下には注目すべき都市景観が隠れていて、片側にはサタデーマーケット、反対側にはスケートパークがある。スティール橋ではポートランド市内で唯一、あらゆる交通手段が許可されているが、対照的に、（2015年に）新しく開通するティリカム・クロッシング橋では自動車は通行禁止となる予定だ。

とはいえ、アメリカのほとんどの街には川があるので、当然有名な橋がある。マンハッタンやサンフランシスコには有名な橋が複数ある。映画『スリー・リバーズ』で有名なピッツバーグも橋の街として知られている。では、どうやってポートランドはブリッジ・タウン（橋の街）になったのだろうか。この愛称は1980年代のブリッジ・タウン不動産の発案で、それ以来定着している。ポートランドには現在約500の橋があるが、ほとんどは特徴のないデザインのコンクリートの橋である。人は橋を、単に水の上にかかっているものとして数えるようだ。

ほとんどの街で川は境界線を形作るが、コロンビア川は［オレゴン州の］ポートランドとワシントン州の州境となっている。300マイル［約483km］以上にわたるその州境でコロンビア川にかかる橋よりも、さらに多くの橋が、ポートランド市内でウィラメット川を横切っている。街の南端からウィラメット・バレーを通ってセイラムに至るまで

1. セントジョンズ橋（1931年）

7. モリソン橋（1887／1905／1958年）

3. フリモント橋（1913年）

4. ブロードウェイ橋（1913年）

2. バーリントン・ノーザン鉄道橋（1908／1989年）

に、ウィラメット川で車両が通行可能な橋は4つしかない。しかし、2隻のフェリーが現在も航行中であり、ポートランドのテイラーズ・フェリー通りやブーンズ・フェリー通りという街路名は、橋がなかった時代がそれほど昔ではないと思い出させてくれる。

ポートランドにおけるウィラメット川のように、川が街を分断するということは、そこにかかる橋が分断を越えるつながりとして住民の多くに認識され、頻繁に利用されることを意味する。隣の市であるバンクーバーとポートランドを分断するコロンビア川とは対照的に、ウィラメット川は街と融合している。とはいえ、ウィラメット川によって形作られる東西の分断は、物理的にも文化的にも今なお重要な境界となり、川の西側は裕福で、東側には人口が密集している。昔ほどではないかもしれないが。

5. スティール橋（1888／1914年）

6. バーンサイド橋（1894／1926年）

10. ティリカム・クロッシング橋（2015年）

12. セルウッド橋（1925／2015年）

11. ロス・アイランド橋（1926年）

8. ホーソン橋（1891／1900／1910年）

9. マルクアム橋（1966年）

橋の下

ポートランドを象徴する橋の下を覗くと、橋の上とは全く違った世界が顕になる。この地図にある写真は街のそれぞれの橋の下の一瞬をとらえている。右の帯状の写真は、ページ一番上のセントジョンズ橋から始まり、それぞれの橋に対応している。

橋の多くは、その下に水面と同じくらいの面積の土地を有している。橋の下には、幅広い種類の都市的生活が存在する。ホームレスの寝床、商売、行き交う電車、スプリングウォーター・コリドーのような遊歩道、そして水辺で展開される様々なアクティビティだ。「橋の下」という言葉からは様々なものが想い起こされる。危険な場所、不幸な場所、避難場所。ポートランドでは、橋の下の空間はかなり多様であるが、総じていえば驚くほど活気にあふれた場所である。

たとえばバーンサイド橋東側の下にはスケートパークがあり、西側にはサタデーマーケットがある。セントジョンズ橋はゴシック調の控壁にふさわしいカテドラルパークを下に擁している。スティール橋の下の階は歩行者、自転車、貨物車用となっている。夜食にぴったりな心温まる料理が評判の**ル・ビストロ・モンタージュ**はモリソン橋の下に店を構えている。マルクアム橋の下にはオレゴン科学産業博物館が鎮座している。他に類を見ないのは、空高くそびえるフリモント橋で、その高さが巨大で開けた不定形の影を作り出している。

歩道の終点
再生したパール地区の歩きやすさ

パール地区は街の進歩派にとって自慢だ。都市再生の結果、街は居住用ロフトに改装された倉庫、緑化スペースのある複数用途の高層高級マンション、高級ショップやレストランできらめいている。芸術的にデザインされた公共空間である、ジェイミソン・スクエアやタナースプリングス、ザ・フィールズ［公園］は憩いの場所となっている。パール地区の美しいイメージの仕上げは、ポートランド・ストリートカーだ。観光客向けの路面電車は、この地区へのアクセスを支えている。これらの住みやすさの指標に加え、人気のWebツールwalkscore.comから得た「歩行者スコア」を検討してみよう。このスコアは不動産広告でよく使われているものだ。

Walkscore.comは歩きやすさに関する有名なインターネットの測定サイトで、食料品店、歓楽街、公園、買い物やレストランといった、日常的に利用する施設からの距離に基づいて歩きやすさを計測している。平方マイル当たりの交差点の密度、ブロックの長さ［街区の大きさ］を含んでおり、上記の施設までの距離によって歩きやすさのスコアが算出される。言い換えれば、歩行者スコアは、何かを買う場所までどのくらい歩いていきやすいか、に主に基づいている。このアプローチは机上での計算には便利だが、地上を歩いている歩行者には役立たないことも多い。実際にパール地区は、行き止まりの散策路や植生で通れない歩道、区画全体に全く歩道がない場所であふれている。ここで明らかになったのは、歩きやすさのスコアの計算方法が重要であるということだ。

添付の地図は、より個人的な視点で地域を切り取ったスナップショットを表したものである。消費地への距離に基づく指標を用いる代わりに、この評価システムは機能的な散歩地図を作ることを目指している。不動産価値、街路樹の有無、歩道の状態、障害物の有無、そして通常の交通状況が、この採点方法の評価項目になっている。PSUの学生がパール地区の各通りを歩いてデータを集め、直接現地での歩きやすさを調べた。

地区の南端にある再開発の中心地において、歩道が最もよくつながっていた。地区の主要な公園であるジェイミソン・スクエアやタナースプリングス周辺の開発地域もまた、十分に舗装されていた。ショッピングと休憩場所の間にはあまり状態のよくない小道があり、それによって歩きやすい場所へ移動しにくくなっていた。実際に歩いてみると、13番通りの大部分には歩道がなかった。

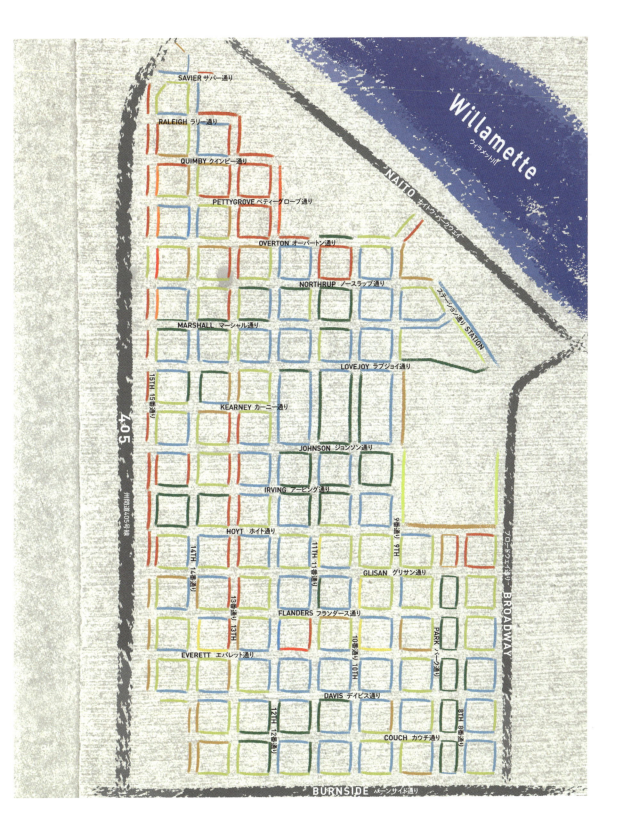

ポートランドセメント

ポートランドの自慢は歩きやすさである。しかし、市内には全く歩道がないところも多い。歩道の有無については、ポートランド中心部と周縁部では顕著な違いがある。歴史のある東側中心部の地区であるアラメダ、アービントン、サニーサイド、リッチモンドではほぼすべての通りに歩道があるが、ポートランドの外縁部には全く歩道がない場所もある。歩道のほとんどない地区は、社会経済的な分布の両端に位置している。裕福なウェストヒルズは歩道のなさではトップである。サウスウェスト・ポートランド郊外のいくつかの地区や、サウスイースト・ポートランドのブレントウッド=ダーリントンは市内で最も貧困率が低いが、歩道がある割合も最も低い。一方で、東側にある貧困率が最も高い地区においても、歩道が少ない傾向にある。

私たちの街は、世界で最もよく使われているポルトランドセメントと同じ名前だが、未舗装の通りの割合は驚くほど高い。運輸局によると、59マイル［約95km］もの通りが未舗装であり、それは全体の3％近くに相当する。サンフランシスコやサクラメントのようなカスカディアの他都市には未舗装の場所は全くなく、シアトルの僻地でもたった4マイル［約6.4km］が未舗装で残っているだけである。こういった土や砂利の道が多いのは、サウスイースト・ポートランドの郊外な

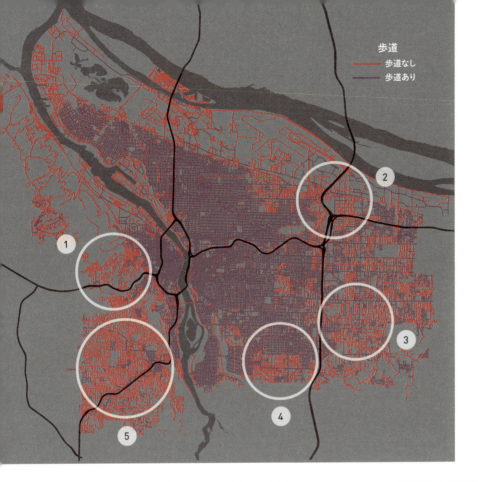

ど近年市に併合された部分であるが、セントジョンズ地区のような100年以上にわたって市を構成する地域も含まれている。サウスウェストヒルズでは水はけの悪い地形が、道路舗装に影響を与えているかもしれないが、多くの居住者はこういった田舎道の「魅力」を楽しんでいるようである。サウスイースト・ポートランドに位置する、未舗装が多いウッドストック地区でさえも、近代的な舗道の恩恵と害について意見が分かれているようだ。もちろん、ポートランドで整備されている道路の44％が、悪いもしくは非常に悪い状態だと評価されているくらいなので（いや、未舗装の通りは市の基準に満たないのでそもそも整備されているとは言い難いのだが）、舗装については過大評価されているかもしれない。さあ、出かけよう！ 土を蹴散らし、身体をガタガタ揺らし、歯を鳴らし、泥の水たまりがあまり深くないことを願いつつ。なるほど、多くの地元の人が4輪駆動車…あるいは自転車を所有していることも不思議ではない。

未舗装の多い地区
1. リントン＆カテドラルパーク：10％未舗装
2. カリー＆サムナー：8％未舗装
3. レンツ＆パウエルハースト＝ギルバート：8％未舗装
4. ウッドストック、ブレントウッド＝ダーリントン＆アーデンウォルド＝ジョンソン・クリーク：7-14％未舗装
5. サウスウェスト・ポートランド郊外：7-26％未舗装

歩道の無い地区
1. ウェストヒルズ：89％が歩道なし
2. パークローズ＝サムナー：78％が歩道なし
3. レンツ＆パウエルハースト＝ギルバート：70％が歩道なし
4. ブレントウッド＝ダーリントン：75％が歩道なし
5. サウスウェスト・ポートランド郊外：85-99％が歩道なし

アテンションプリーズ
巨大広告などの視覚ノイズ

ポートランドでは都市景観の見た目にこだわることもルールだ。この街はプランニングとデザイン、緑地、都市成長境界線で有名であり、都市景観の魅力的な美しさに誇りをもっている。ポートランドは商業目的の看板サイズを制限しようともしている。しかし、街を一周してみると、都市景観が時にはプランナーのデザインシャレットの憩いの場というよりも、むしろ視界を乱す不快な騒音であるということがわかる。これは幹線道路によくあることだが、そこに限った話ではない。

ここで、4つの幹線道路（ノース・インターステート通り、サウスイースト・パウエル通り、イースト82番通り、ウッドストック通り）で記録された視覚ノイズの流れをみてみよう。

すべての視覚ノイズが同じなわけではない。82番通りのような通りでは、膨大な量の巨大広告が視界にあふれる区間もあるが、同様に、無数の鮮やかな旗や、赤、白、青の中古車展示場の吹き流し、もつれた電話線やケーブル線、多くの店舗や駐車場に設置された

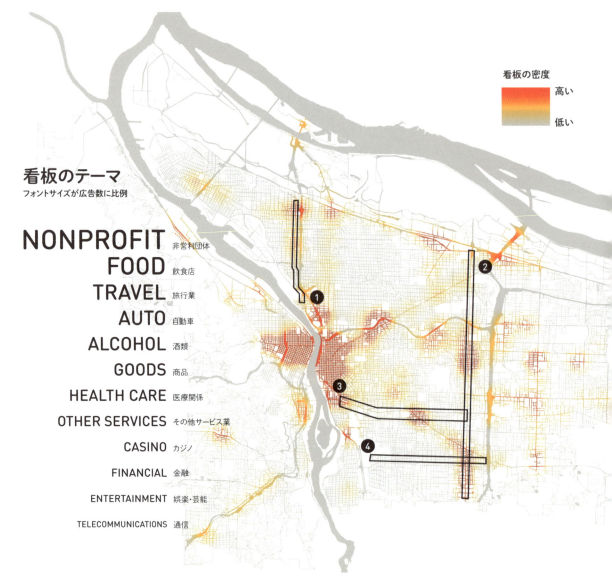

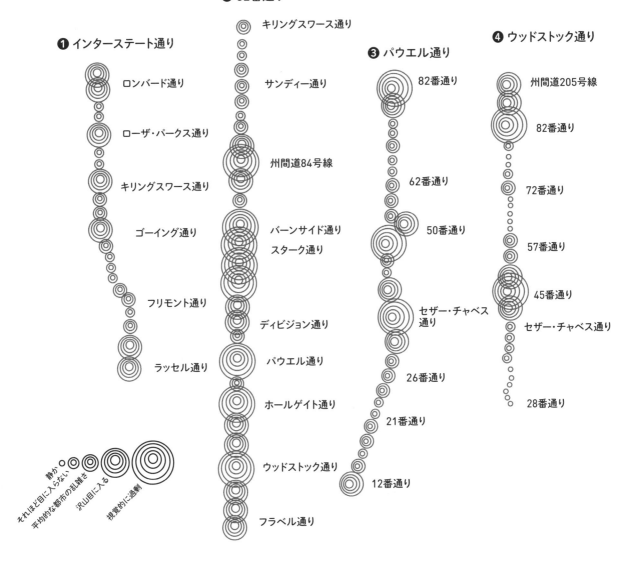

有刺鉄線やワイヤーフェンスが視界を埋めつくす区間もある。そして、20フィートコンテナに相当する量の、空気で膨らませた棒状の人形が風にはためいているが、正式にはこの人形はエアダンサーや空気人形と呼ばれていて、洗車場やキャンピングカー駐車場の横で揺れたり、よじれたり、うねったりしている。巨大看板は時速40マイル［約64km］で走行中の運転手の目につくことを意図しているが、パウエル通りと82番通りの一部では視覚ノイズの主な原因となっている。

一方、視覚ノイズには輪郭や手触り、リズムがある。ウッドストック通りには膨大な数の広告があるが、その視覚ノイズは、街路樹のある通りや交通量が少ない区間、歩道を歩く人向けの看板によって、影響が和らげられている。82番通りの混沌とした状況に比べると、ウッドストック通りの景色は管理されてより穏やかな感じがする。周辺に住宅街が広がるインターステート通りやパウエル通りではさらに幅広い多様性があり、住宅街が商業地のインパクトを和らげるのに役立っている。州道には路面電車の軌道、頭上の電線が交差していて、大きな街灯がその真中にぶらさがっている。視覚ノイズが多いが、ひょっとすると目障りというよりもユニークで面白いのかもしれない。多くの人が醜いとしか考えない82番のような通りでも、公園や街路樹がある地域もあり、穏やかで心地よい視覚シグナルを送っている。

「止まれ」の標識に落書きするのは止めて

STOP（止まれ）標識は、簡潔で目立つメッセージを示すにはうってつけだ。STOPの文字の下に、言葉を書いたりステッカーを貼るだけで、道路標識はメッセージボードになる。サウスイーストやノースイースト・ポートランドの中心部では、STOP標識が街に関係するようなリベラルな政治的見解を映し出していることがよくある。

このデータが収集された期間に、「銀行を使うのをSTOP」「抗議者たちを殴ることをSTOP」「1％〔富裕層〕をSTOP」といった標識が暗に示していたのは、「ウォール街を占拠せよ」運動における抗議だ。さらに、「麻薬戦争をSTOP」「同性愛嫌悪をSTOP」「動物を食べることをSTOP」が反映しているのは、中道左派の政治的意見だ。

市は市民に近隣の落書きを消すように働きかけることもあるが、STOP標識の落書きに触れることは禁止している。STOP標識に塗られる塗料や塗料剥離剤は、標識の反射特性を弱めてしまうだろう。ということで、落書きのないピカピカのSTOP標識は見慣れないし、逆にそんなSTOP標識があれば事故につながって市が責任を負うことになりかねない。こんな理由で、STOP標識に書かれた落書きがずっと残ることもある。ポートランド市は、塗ったあとでも標識の反射性に傷を付けずに簡単に消すことができる材料を調べている。もしそのような原料が見つかれば、これまでありふれていた落書きが珍しいものになってしまうだろう。

悪魔祓いをSTOP	1
求めることをSTOP	2
麻薬戦争をSTOP	3
STOP! お前は監視されている	4
運転をSTOP	5
シェービングをSTOP	6
性的アピールをSTOP	7
報われる失敗をSTOP	8
要求に応じることをSTOP	9
KFCの動物虐待をSTOP	10
クリスダドルを妨害するのはSTOP	11
選挙人団をSTOP	12
1％をSTOP	13
NAFTAをSTOP	14
麻薬取引をSTOP	15
変わり者になるのをSTOP	16
エントロピーをSTOP	17
銀行を使うのをSTOP	18
お前の票に価値があると真に受けることをSTOP	19
STOP! 君を助けてくれる人はいない	20
戦争をSTOP	21
平和は戦争をSTOPする	22
抗議者たちを殴ることをSTOPするな	23
同性愛嫌悪をSTOP	24
STOP! さもないとママが撃つよ	25
ハマータイムをSTOP	26
一緒に耳を傾けるのはSTOP	27
宗教をSTOP	28
HMOをSTOP	29
人々をSTOPさせろ	30
動物をSTOP	31
STOP! 今がすべてなんだ	32
動物を食べることをSTOP	33
もうけることをSTOP	34
権威への服従をSTOP	35
ヴォルデモートをSTOP	36
ポートランドをノーマルにするのをSTOP	37
温暖化をSTOP	38
ヒップスターをSTOP	39
カニエをSTOP	40
毛皮を着ることをSTOP	41

都市の景観 43

製造業の空間

サービス産業の仕事が増大する一方で、製造業の仕事が数十年にわたって減少し続けていることは、言わずと知れた事実である。ポートランドでは製造業の土地占有面積は小さく、運輸・流通業が中心となってきている。これらの理由から、大半のポートランド市民は市内の工業部門に無頓着である。しかし、ポートランドの工業地域は市全体として今もなお30%の雇用を生み出しており、これらの従業員の30%が製造業に従事している。全工業部門の雇用の半分以上はコロンビア川港湾の工業地帯に関連する。

ほとんどの人は、ポートランドに製造施設をもつ会社の名前を挙げられない。特に地域最大の雇用主かつ製造業者であるインテルが郊外にあること、さらには、より知名度があり「フォーチュン500」に入るナイキが郊外にあることも、ほとんど知られていない。プレシジョンキャストパーツは都市圏では存在感が薄いが、フォーチュン500入りする企業であり、世界に点在する製造拠点の一つを、サウスイースト・ポートランドの端に分布する工業地域に構えている。

製造業や工業の仕事はポートランドの新しい都会の理想にはそぐわない。この街では、かつて工業地域と呼ばれていた土地利用の分類は皮肉にも雇用地として再分類され、商業用途との混在を許容するゾーニングとなっている。セントラル・イーストサイドやローワー・アルビナを含め、かつての工業地域はインキュベーター地区となった。こういった絶滅危惧空間を守るために、工業の聖地という珍しい名前が付けられた。

ポートランドの工業地域から目を背けるもう一つの理由には、ひょっとすると、ウィラメット川やコロンビア・スラウ、その周辺の土地が工業生産活動によって100年以上にわたり破壊されてきた経緯があるのかもしれない。ポートランド・ハーバーのスーパーファンド用地［有害産業廃棄物除去基金の指定区域］には多くの有害物質である重金属やPCB（ポリ塩化ビフェニル）、PAH、ダイオキシンや農薬が残存している。ウィラメット川の6マイル［約9.7km］の区間が長期間の浄化プロセスにあるが、他のスーパーファンド用地は復元の様々な段階にあり、汚染軽減措置が取られている場所もある。我々は当然、この面倒な事態に対して、上記の化学物質の有害な長期的影響に対する過去の集団的無知を責めてもよいのだが、問題はどこにでも存在するし、社会を構築するために支払わなければならない代償の一部にも思える。

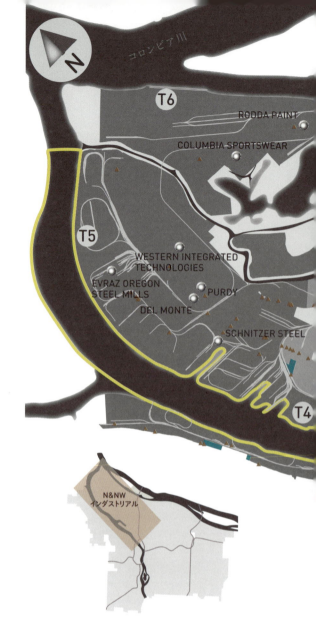

ゾーニング
- 一般雇用地
- 中心雇用地
- 一般産業
- 重工業
- ▲ 汚染現場
- ○ 主要な雇用主
- 線路
- T 港湾ターミナル
- 過去もしくは現在のスーパーファンド用地

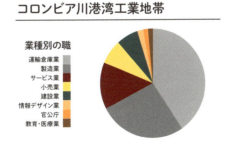

コロンビア川港湾工業地帯

業種別の職
- 運輸倉庫業
- 製造業
- サービス業
- 小売業
- 建設業
- 情報デザイン業
- 官公庁
- 教育・医療業

都市の景観 45

▨	倉庫、貯蔵庫
▨	軽工業
▨	機械工業
▨	食品流通業
▨	販売業
▨	駐車場
▨	レストラン、バー、会場
▨	小売業
▨	オフィス、学校、博物館
▨	サービス業
▨	クリエイティブ・スタジオ
▨	空き店舗、改装中

セントラル・イーストサイド工業地区はポートランドの最も古い工業地域の一つであるが、今後も工業がそこに存在し続けるかどうかは定かではない。1869年に遡ると、ポートランドとカリフォルニアをつなぐ最初の鉄道がここに建設された。1890年代の後半までには、この地域に様々なビジネスが展開し、レンガ工場や金物店、農産物直売所などがあった。第二次世界大戦後、この地域はビクトリア調様式の住宅街に取って代わり、工業用倉庫として拡大した。軽工業や流通業、倉庫業、運輸業はこの地域の重要な要素として認識され、1981年に産業保護指定地区となった。しかし、保護地区が絶滅危惧種を守るために作られるのと同様に、この指定は、ポートランド市開発局（PDC）の言葉を借りれば、この地域の「荒廃と投資の引き上げ」を狙った人々がいたことを、最初に示したものであった。PDCは1986年にこの地域が都市再開発地域であると宣言したが、それはセントラル・イーストサイドの工業の衰退を加速させるものであった。

地域はさらに再ゾーニングされて現在「イノベーション地区」となり、かつての倉庫はクリエイティブ・スペースや個人向けサービス、高級レストランで埋め尽くされている。ストリートカーは数年前に登場し、設計者が認めているとおり、効果的な移動手段というよりも都市開発ツールとしての役目を果たしている。MAXライトレールのオレンジラインは既に多くのビジネスを立ち退かせているが、この地区の南部分は避けて通ることになるだろう。このページで描画されている雇用機会サブエリアの地図が示すとおり、「新都市経済」が根付いているように見える。1981年には、セントラル・イーストサイド工業地区の中心部の63％が工業用途であり、駐車場や空き地、いくつかの小売業が残りを占めていた。今や、工業用途は地域の35％を占めるのみである。旧来の雇用タイプはサービス部門の仕

テイラー・エレクトリック・サプライ社の焼けた倉庫の外側部分を覆う落書き

事に置き換わっている。ヒップでクリエイティブで、自己誇大感の強いポートランドのクリエイターたちは、工業があまり存在しない工業地域を好むことがはっきりしてきた。これらの目障りな工業地域は北に隠した方がいい。といっても古い倉庫の外壁は、中が改装されさえすればクールなのだ。バーンサイド橋とモリソン橋の東端では、「地域に工業があった過去を思い出すために」、風化したスチールや鉄でできた芸術作品が2012年に建造された。奇妙なことに、地域の工業的な歴史を称賛することが、残存する工業を追いやることになっている。

テイラー・エレクトリックの廃墟

テイラー・エレクトリック・サプライ社の廃墟は、ポートランドのユニークなランドマークになっていて、アーティストや反政府主義者、社会的に排除された人々にとっての聖地となっている。長年にわたり、この焼け落ちた工場はこの街の人々によって作り変えられてきた。多くの人には知られていないが、ここは占拠された公共空間として華やかに機能してきたのである。テイラー・エレクトリックは、開発の政治経済から放置され、商業化による排他的な支配も受けなかった。そこはフリースペースを提供し、市内に居場所がない多様なコミュニティの人々の避難場所を提供する、都市環境のわずかな空きスペースである。この不確実性の高い状態のおかげで、テイラー・エレクトリック社跡地はあふれんばかりの可能性とともに、活気のある文化的空間となってきた。

2006年に、サウスイースト・ポートランド中心部で、巨大な火事がテイラー・エレクトリックの木構造を飲み込んだ。これはポートランドで最も大きな火事の一つであり、夜まで燃え続けて停電やウィラメット川へのオイル流出を引き起こした。次の日、くすぶっていた建物は崩壊し、真っ黒焦げの骨組と空洞が残された。

この崩れ落ちそうな骨組は今や末端の都市コミュニティの隠れ家として、貨物列車で移動するボヘミアンやホームレスの人々、グラフィティ・アーティストにとっての一時的な家としての役目を果たしている。ここは市の中心部であり、公共交通や鉄道路線に近い。夜になると、空間は暗く道からは見えにくい。この特徴により、ここは比較的安心でき、安全でプライベートな空間になっている。日中は、写真家や撮影クルー、パフォーマンス・アーティスト、都会の遊歩者で活気づいていて、彼ら彼女らはその美的な外観を、自分たちのプロジェクトや創作活動に対する力強い背景として用いている。

テイラー・エレクトリック社跡地の今後のプラン

この空間は、ポートランドで唯一の「非公式のフリーウォール」という意味で特別である。ユージーンやタコマ、オリンピアやシアトルといった他のカスカディアの都市とは違い、ポートランドは市公認のフリーウォールを提供してはいない。その結果、街中には走り書きの落書きがあふれている。指定された壁や地域に描かれる、より洗練された作品とは異なり、大半の人はこのような落書きを好まない。ポートランドの厳しい落書きゼロ政策は、テイラー・エレクトリックの壁に対しても長く展開された。建物の周辺には住居がなく落書き被害から救いようがなかったが、数カ月ごとに建物全体の絵を消す塗り替え作業が行われてきた。

ポートランドでは、たとえ所有者から許可を得ていたとしても、屋外の壁に絵を描くことは禁じられている。壁面使用もしくは広告の許可を市から得なければならないのである。許可のない「アート」が報告されてから10日以内に除去されない場合、所有者は市から相当な罰金を求められるリスクを負う。この継続的な排除努力の前提には、「市の社会的荒廃を減らし、公共の安全と衛生を促進する」ことがある。落書きを徹底して除去すれば、再発を防止できるという想定だ。一方で、落書きの除去による効果はないという研究結果もある。いずれにせよ、落書きが塗りつぶされたまっさらなキャンバスは、創造と破壊の無限のサイクルの中で反撃するモチベーションを与えるのだ。

都市の行政や不動産デベロッパーは、社会の片隅に追いやられた人々や邪魔な問題、ゴミが浄化された通りを想像している。こういった、放置された存在を思い出させる気まずいものは、永遠に続く気楽な生活が保証され、プログラム化されたアクティビティが充実している街、という評判を打ち砕いてしまう。役人たちはよく、再開発は経済的救済である、とか、社会や文化への刺激であると述べる——それが彼ら彼女らの考えるクオリティオブライフを回復させるものであるとして。他の都市「問題」を解決することと比較すると、落書きはたやすくスケープゴートにされがちである。落書きは、荒廃や都市の衰退、クオリティオブライフの低下を促進させるものとして否定的に見られることがよくある。しかし、栄える通りや落書きのアートシーンは、民主的な公共空間があり、イノベーティブで創造的な、活気ある街の象徴でもある。

建造環境の空きや老朽化は、落書きの存在によって引き起こされるのではない。言い換えれば、落書きは既に荒廃した地域の副産物であるのだ。アーティストは、出入りが自由で、力強い美学や匿名性を有するこうした空間に惹きつけられる。ベルリンやロンドン、メルボルン、マイアミといった街は、クリエイティブな活動を公的に

（計画されたものであれ計画されていないものであれ）育てることが、街にとって財政的にも文化的にも有益であることを認識してきた。こういった街では、落書きの除去は主に都心の中心市街地を対象としている。市外での落書きの除去については、各地域に判断と管理が任されている。ほとんど落書きがない地域もあれば、色彩にあふれた場所もある。多くの都市居住者にとって、カラフルで利用しやすい公共空間というのはクオリティオブライフにとって必須である。彼ら彼女らが都市に住むことを選ぶのは、都市のもつエネルギーや意外さ、力強さのためである。

経済発展の観点から見て、テイラー・エレクトリック社跡地には可能性がある。街の全体的風景から見ると、ウィラメット川の東岸に位置するテイラー・エレクトリック社跡地は、オレゴン科学産業博物館や、公共交通と歩行者のためだけの新ティリカム橋、ストリートカーの新しい路線、イーストバンク散歩道から数分しか離れていない。ポートランドのクラフト蒸留酒ブームの中心地である**ディスティラリー・ロウ**は少し道を下ったところにあり、ポートランド名物のフードカートポッド［屋台村］やおしゃれなバーやレストラン街も一緒に並んでいる。

当然のことだが、2013年にテイラー・エレクトリック社跡地は開発業者に売却された。その業者の計画では、屋上緑地やバイオスウェール［雨水を処理する植込み］、電気自動車の充電スタンドを備えた、広さ6万平方フィート［約5,574㎡］の、240クレイと呼ばれるインダストリアルで上品なオフィス空間へと転用される予定である。この開発が都市景観やその用途、人口動態を大きく変えることは間違いないだろう。開発の図案によると、少なくともいくつかの現存する建物は再利用され、駐車場の外壁になる。ポートランドでは、都市成長境界線が多くの都市空間の利用を後押しするため、この再開発は避けられないものだった。また、ポートランドはアメリカ合衆国で急成長している都市地域の一つである。この人口の流入と密集によって、オルタナティブな使用が許される隠れた未活用空間を探し出すことがますます困難になってきている。

テイラー・エレクトリックのような場所は、すべての都市空間を連続的にオフィシャルな用途で使用しないことに価値がある、と思い出させてくれる。こういった中間的な空間は、台本のない、新しく出現する活動を容認する便利な隙間なのだ。多くの人々はこのような空間を人が寄り付かない、退屈で、危険な場所とすら思っているかもしれないが、一方で、放置されたゴミ捨て場にポテンシャルを感じる人もいる。こういった空間は街の監視の目から逃れる休息を与えてくれる。それは使い方が定まらない不確かなゾーンであり、だからこそ、無限の可能性に開かれている。

テイラー・エレクトリック社倉庫に残る落書き

裸の都市
ストリップクラブの首都?

1993年の『週刊ウィラメット』の記事は、警察の裏付けに乏しいレポートに基づいており、それが初めて示したのは、ポートランドが人口あたりのストリップクラブが最も多い都市だということだった。この噂は繰り返し全国の週刊誌やオレゴニアン紙を賑わせ、ストリップクラブの用心棒たちの話題に上がった。実はその主張はほとんど意味が無く、ポートランドには小さなストリップクラブがたくさんあるというだけだった。にもかかわらず、地域の風変わりなアイデンティティがこのステータスに多少関連したために、その噂は「予言の自己実現」をもたらすことになった。

ポートランドのストリップクラブ現象をめぐるストーリーは、地理と歴史、そして特にアイデンティティの問題を取り上げるものだ。表現の自由に関するオレゴン州憲法の定義を再解釈した過去の判例は、アダルト産業の急成長のきっかけとしてよく言及される。ポートランド市周辺でのストリップクラブの継続的な増加は、どちらかというと零細企業のようだった。公共の品位に対する争いは噛み砕けば、何が「わいせつ」なのか、どこでわいせつなことが受け入れられるのか、そして大豆パテバーガーが露骨なヌードを政治的に正当化するかどうか、についての戦いである。

ポートランドは確かにストリップクラブの数では上位に入る街であるが、ランキングは数値や地理的なスケールをどう設定するかに依存している。なぜランキング上位にあるべきなのかということも謎ではない。他の街や都市地域は、ポートランドおよびオレゴン州がもつ、表現の自由の保護と、ストリップクラブでアルコールを提供できるということのコンビネーションがないために、競争力をもっていないだけなのだ。また、多くの住民は「風変わりであれ（keep Portland weird）」というアイデンティティの一部として、（正しいかどうかは別として）その評判を誇りに思っている。おそらくこのことが、他の場所に存在しない寛容性を育んできたのである。同時に、この地域についての大衆的イメージのなかで見落とされているのは、男性パフォーマーがいるストリップクラブの存在で、少なくとも

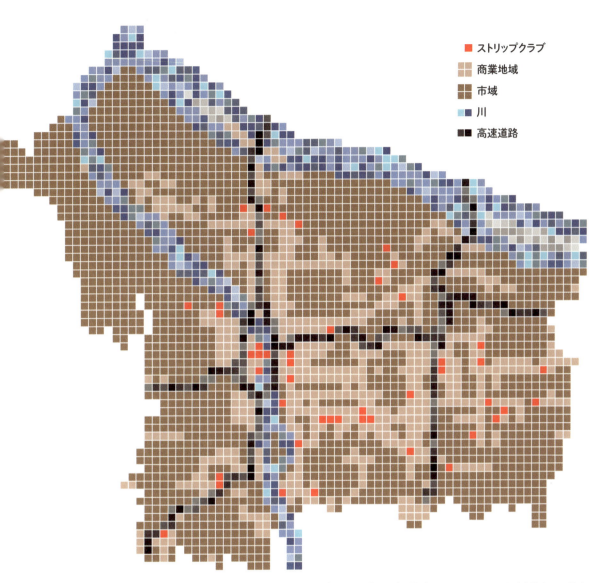

そのうちの一つはゲイの支持者に合わせたものであるということだ。ほとんどの全国もしくは地域のストリップクラブデータベースでは、このようなタイプのストリップクラブをわざわざリストにしていない。

ポートランド市だけでも2014年頃に約60万人の人口を抱え、市内に48件のフルヌードのストリップクラブを有している。言い換えると10万人あたり8件のクラブが存在する。この割合から見て、ポートランドは人口あたりのストリップクラブ数ではアメリカ合衆国の100の大都市の中で4から8番目に位置する。しかし、ストリップクラブを数えることは、見かけほど簡単ではない。

何がストリップクラブを構成しているのか？ それをどうやって数えるか？ 全国を対象にストリップクラブをネットで簡易検索すると、多くは従来型のフルヌードのストリップクラブではないことがわかる（簡易検索でコンピューターがウイルス感染するかも）。下着モデルやのぞき見ショー、マッサージ店やビデオ店のような産業で働く人は同じカテゴリーではない。多くの州では、（提供されていれば）アルコールの種類に応じて、厳密にクラブの活動を規制している法律があるのだが、それは置いておこう。一見、フルヌードで踊っていることと、ビキニを着ていることには大した違いはないかもしれないが、客に聞いてみればそれが重要であるとわかるはずだ。ラスベガスのような街では、かなり多くのステージやダンサー、客が入る、大規模なストリップクラブが多いことも考慮しないといけない。

設立年で並べると最も古いストリップクラブであるメアリーズ・クラブ（市中心部）

言論の自由を擁護する人々が過激派を支援することはめったにないが、アダルト産業は歴史的に、表現の自由に対する権利を試す論点となってきた。1976年のブルックス対オレゴン州の裁判では、どんな種類のヌードでも、自由入店の防止と未成年の排除が管理された環境という条件のもとで許可された。ブルックス裁判は、オレゴン州でヌードが表現の自由の保護を受ける扉を開いた。それによって、1977年の終わりまでには、ストリップクラブの数が4から6店舗へ、ステージの数が4から10へと急激に増加した。1987年のヘンリー対オレゴン州の判決では、オレゴン州においては、わいせつなものも言論の自由であるとして保護されることとなった。その後すぐ、1988年のタイディマン対ポートランド裁判の判決では、言論の自由を侵害するとして（わいせつ表現に対する）ゾーニングを禁じた。

1986年のセクネ対ポートランドの裁判は、オレゴン州の控訴裁判所の助けを得て、バーにおけるヌードの規制に挑戦した。この裁判は（劇場のような）管理された環境から、より一般的なバーやクラブにまでヌードに関する表現の自由の保護を拡大した。ポートランドの1981年企業用地境界線の外側に位置していた**グラフィック・タバーン**は、1980年代の市の積極的な合併の動きに飲み込まれていた。オーナーのセクネは、彼のクラブが違法に合併されたことと、ヌードに関する条例が、他のヌードの種類が許可されているのに対して違憲であると訴えた。合併の裁判は出口がなかったが、ヌードに対する禁制はひっくり返った。裁判事例がもたらしたのは、繰り返される法的な戦いや有権者イニシアティブ、コミュニティとのコンフリクト、そしてさらなる裁判の増加による法的に認可されたクラブの台頭であった。これらのすべてが、より多くのヌード表現の自由の保護を強めるのに役立った。

ポートランド地域のストリップクラブを制限し規制するための最善の試みでさえも、くじかれてしまった。1994年から2000年まで、3回の有権者イニシアティブ（投票法案19, 31, 87）によって、オレゴン

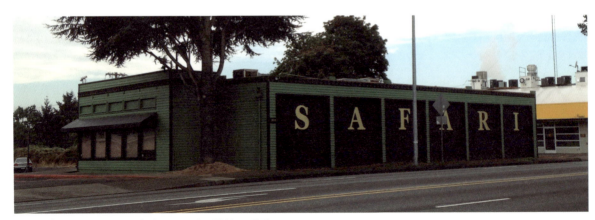

標準的なポートランドスタイルのクラブであるサファリ・クラブ（パウエル通り）

州におけるあらゆる形態の（ヌードを含む）わいせつ表現に対する表現の自由の保護について、合衆国憲法で許可されている以上の内容は無効にする試みがなされたが、すべて失敗した。この時から、地域のストリップクラブ数とステージ数が、年に1クラブ以上、1クラブあたり約2ステージの割合で安定的に増加し続けた。自由な表現の保護のもと、ヌードやわいせつ表現を提供してきた州の伝統を前提として、このような活動を制限する努力は行き詰まり、関心をもった人に対してオレゴン州の文化的多様性や政治の独自性を主張することとなった。また、投票法案に関する投票パターンは、[州の主要な大学都市である]ユージーンとコルバリスを除く州内の他地域と、ポートランドとの文化的ギャップが拡大していることを明らかにした。

何がポートランドのストリップクラブ・シーンをそれほど重要にしたのか（ということは2011年のエコノミスト誌の記事で特集となった）？ それは、**マジック・ガーデン**にいる叩き上げの歌手やストリッパーのビバ・ラスベガスが典型的に作り出している、皆が自分の名前を知っている居心地のよさなのだろうか？ 街の南北に位置する、**アクロポリス**や**ダンシング・ベア**の下品なロードハウスっぽさだろうか？ **デビルズ・ポイント**にいるタトゥーを極めたおしゃれな人や**カサ・ディアブロ**にいるような菜食主義の慈善家、それとも**メアリーズ・クラブ**の象徴のような気難しい人だろうか？ すべてのものが地域のストリップクラブに特別なポートランドらしさを与えている。これらのクラブは実際に名所になっている一方、そういったイメージは、ポートランド東部やコロンビア通りに散見される、つまらなくて、惨めで、目立たないクラブのことをとらえていない。ひょっとするとポートランドのストリップクラブ現象を独特で目立つものにしているのは、他都市のようにクラブが少ない地域に集中しているのではなくて、街全体の異なる地域に散らばっているということなのかもしれない。

インターネットはホーム画面からポルノを一掃した。マッサージ店は1990年代には非合法化された。下着モデルショークラブは地味に成功したが、街の最もいかがわしい地区に身を落とし、ジャック・シャックのようなどこにでもある場所として耐え忍んでいる。しかし、ストリップクラブは時代遅れの男らしさや、そのリメイクを表現する特異な社会的場所として繁栄し続けており、今後もそれは続きそうである。この状況がポートランドの名声を汚すと感じる人もいれば、政府から干渉を受けない、声を抑えた自由の確証であると捉える人もいる。そして、実際はどうかわからないが、アメリカのストリップクラブの首都ポートランドの名声は今後も定着し続けるだろう。

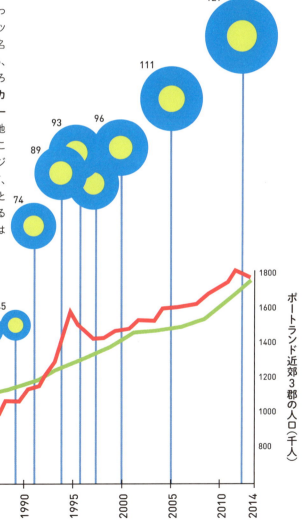

11. 過去と未来

私たちは普段、何が有るのかによってその場所を知るようになる。しかし、その場所との関わり方という点では、時に、そこに無いものが、有るものと同じかそれ以上に重要になる。何が失われたのかを考えることで、私たちの地理的想像力は場所の過去と関わるように誘われるのである。多くの自然環境は間違いなく失われてきたが、住宅、学校、教会、工業用地といった建造環境の多くもそうだ。何が無いのかを考えれば、私たちは消え去ったものだけでなく、あり得たものを想像するようになる。

ポートランドの都市景観は、街のあちこちで急速に変化している。この移民の地では、引っ越してきた人たちが現在の景観以外のものを想像することは難しい。過去の微かな痕跡が、地名や教会、建築物ストックに残されているときもある。数十年間にわたり地元の砂や砂利の供給源であったロス島は、ポートランド創設時のおよそ半分の大きさである。それ以外の場所では、かつてそこに何があったのかを見ることはほぼ不可能だ。今では小規模ショッピング・センターが密集し空間を占拠している場所に、ジャンセン・ビーチ・アミューズメントパーク（1970年に閉鎖）を想像することは、多くの住民にとって困難である。

不変で永遠のように見える都市景観も実際には絶えず変化しており、変化とともに失われるものがある。土地と水との有益な結び付きによって、人々はこの都市を建設した。森林に覆われた土地は、ウィラメット川の近郊、川辺、そして川の向こう岸の道路や建物へと切り拓かれていった。もともとリバーフロントを支配していた倉庫群の産業景観は、ほとんどが消え去り、高速道路へと生まれ変わった。1970年代には、高速道路よりもウォーターフロント公園を建設することで、街は川を「取り戻した」。ポートランドは川と再びつながったことで称賛されており、それはつまり、失ったものによってこの街が知られている部分もあるということだ。いくつかの事例では、プランナーの頭の中や地図、デザインシャレットにのみ存在し、決して実現しなかった都市景観がある。たとえば、ポートランドが誘致に失敗した1968年のオリンピックがそれである。本章では、今ではもう存在しない、あるいは、一度も実現しなかった都市の諸要素を探っていく。

広がるポートランドの範囲
合併

1845年に36の街区で始まったポートランド市は、ウィラメット川の西岸に沿って発展した。1866年までに、ポートランドの西側はウェストヒルズ、東側は川がその境界をなすようになった。1891年、イースト・ポートランドとアルビナは西側にある昔からのポートランドに統合された。2年後にはセルウッドが合併した。

1905年のルイス・クラーク100周年・アメリカ太平洋博覧会・オリエンタル展示会を訪れた多くの人々はこの街に強い印象を受け、移住することを決めた。1900年から1910年までの10年間に、地理的な境界は33%広がり、およそ50平方マイル〔約129㎢〕に達した。安価な農村の土地が容易に手に入るようになったため、このエリアの小さな農業集落は成長してベッドタウンへと変化した。

モンタビラ(1906年)、マウント・スコット=アリータ(1908年)、レンツ(1912年)、リントン(1915年)、セントジョンズ(1915年)など、多くの周辺人口が一連の合併を通じて組み込まれていった。これによりポートランドの地理的な大きさは25%拡大した。第一次世界大戦と第二次世界大戦の間に、この都市の成長は頭打ちになった。

1950年から1980年の間に、郊外のクラッカマスとワシントン郡ではそれぞれ人口が3倍と4倍に増加した一方、マルトノマ郡ではわずか20%の増加にとどまった。ポートランド東部の大部分が1980年から1998年の間に合併し、現在の境界線が完成した。

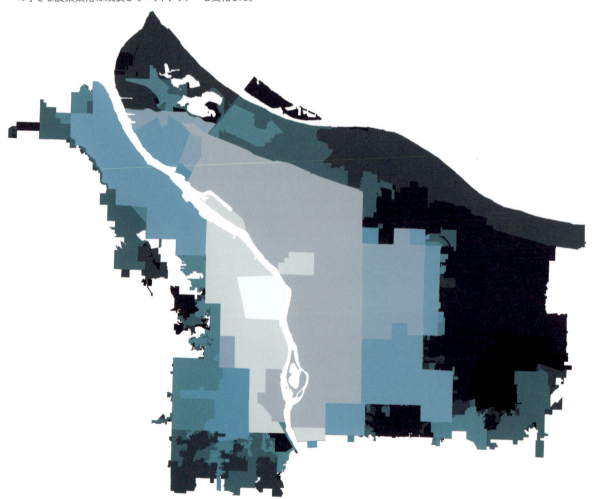

創設から現在まで

        1845–1851   1852–1887   1888–1893

1894–1907   1908–1915   1916–1954   1955–1964

1965–1974   1975–1983   1984–1993   1994–現在

ジョン・W・ヨーク(York)に由来する街路名であると考えられる。ヨークはイングランド人とスコットランド人の両親のもとにジョージアで生まれ、仕事で

ロバート・ブルース・ウィルソン(Wilson)はバージニアで生まれ、ゴールドラッシュでカリフォルニアに行き、その後ポートランドにたどり着いた。

ジョージ・W・ボーン(Vaughn)はニュージャージー生まれの商人であり、1855年から1856年までの間、市長を務めた。彼は、フロント通りとマ

エイベル・パーカー・アップシュアー(Upshur)はバージニアの政治家であり、ジョン・タイラー大統領のもとで国務長官として務め

G・ウィリアム・サーマン(Thurman)は電信会社の幹部であり、1891年における街路名の変更を準備した市の技術者、ダグラス・テイラーの親友だった。この街路の名前が彼にちなん

トーマス・A・サバー(Savier)はバージニア州のノーフォークで生まれた。ゴールドラッシュでカリフォルニアに行き、その後ポートランドに到着した。彼は商人で、D. W. バ

A. E. ラリー(Raleigh)はアイルランドで生まれ、ニューヨークに移住し、そしてポートランドに移り住んだ。街路名の変更があった1891年、彼は街路の副管理人を務めていた。こ

L. P. W. クインビー(Quimby)はバーモントで生まれ、1862年にポートランドに移住した。最初のホテル経営者の一人であり、後に大

フランシス・W・ペティーグローブ(Pettygrove)はこの街の創設者の一人である。メイン州生まれで1842

ウィリアム・オーバートン(Overton)は、ラブジョイと共にポートランドになる払い下げ地の請求材

エドワード・J・ノースラップ(Northrup)はニューヨーク州のアルバニーで生まれた。

ジョン・マーシャル(Marshall)はイングランドで生まれた。彼は、50年にわた

アサ・ラブジョイ(Lovejoy)はマサチューセッツで生まれ、1842年に荷馬

エドワード・スミス・カーニー(Kearney)はフィラデルフィ

アーサー・H・ジョンソン(Johnson)はロンドンで生まれた。彼は

ウィリアム・アービング(Irving)は、スコットランド生まれの

リチャード・ホイト(Hoyt)はニューヨーク州のアルバニー

ロドニー・グリサン(Glisan)博士はアメ

ジョージ・H・フランダース(Flande

エドワード・エバレット(Everett)大佐

アンソニー・L・デイビス

ダニエル・W・バー

街路名が伝える歴史

ポートランドが成長していた19世紀後半と20世紀初頭、街路の命名は一般に、それぞれの分譲地の区画を作った人に委ねられていた。時には、実務的あるいは政治的な理由によって、後から通りの名前が付け替えられた。1891年から1892年にかけて、一度目の大幅な街路の改名が行われた。これは、ポートランドが東側にあるアルビナとイースト・ポートランドを吸収したためであり、重複していた名前が変更された。

都市内の位置(N、NE、NW、SE、SW)を各街路名の接頭語にするという現行のシステムは1931年に導入され、多くの街路名の付け替えを伴った。サウスイースト・ポートランドには、東西を走る道路に番号が振られていたところもあったが、改名によってそのすべてに人の名前が付けられた。各街区に100までの番号を割り振るという、新しい市全域の住所番号システムもその時に導入された。

ジスト監督派の牧師であった。

ョン・H・カウチの長女、キャロライン・カウチと結婚した。

で、街で初となる蒸気動力による製粉工場を建設した。

衆国への編入を主張したが、一度もここに住んだことはなかった。

定かではないが、1921年に地元紙がそれを示唆する手紙を受け取っている。

ネス・パートナーであり、フロント通りでサバー・アンド・カンパニーという雑貨店を営んだ。

ポートランドの形成期における商人、パトリック・ラリーにちなんで付けられたものかもしれない。

業を経営した。クインビーは州で最初の猟区管理人であった。彼はローンファー墓地に埋葬されている。

き、ポートランドとなる土地の請求権の半分を購入した。1848年にはワシントン州ポートタウンゼンドに向かった。

4年にその所有権をペティーグローブに売却し、テキサスに向かった。彼がオレゴンで過ごしたのは3年未満だった。

うビジネスを始めたが、オフィスの跳ね上げ戸を通って20フィート落下した後に亡くなった。彼はローンファー墓地に埋葬されている。

域の川で働いた川船の船長だった。この街路名はまた、ジョージ・マーシャル将軍あるいはトーマス・マーシャルにも由来するかもしれない。

やって来た。オーバートンと共にポートランドとなる土地を獲得し、ペティーグローブと共に都市を創設した。彼はローンファー墓地に埋葬されている。

ランドにやって来る前にはローズバーグで暮らした。卓越した実業家であり、オレゴンの連邦保安官でもあった。彼はリバービュー墓地に埋葬されている。

する食肉業者であり、また、初期のポートランドにおいて多数の不動産を所有していた開発業者でもあった。彼とその妻コーディリアには14人の子どもがいた。

ホイト船長の共同事業者だった。1859年にブリティッシュ・コロンビアに移住した。彼の土地請求権は、ノースイースト・ポートランドのアービントン地区になった。

は川船の船長であり、1857年にコロンビア汽船航行会社を設立した。2人の兄弟が後からポートランドで彼に合流した。彼はローンファー墓地に埋葬されている。

軍医であり、また、オレゴン初のメディカル・スクールであるオレゴン医科大学で教授になった。グリサンは、ジョン・H・カウチの娘であるエリザベス・カウチと結婚した。

ューセッツで生まれ、義理の兄弟でビジネス・パートナーでもあったジョン・H・カウチと共にポートランドにやって来た。彼らはウィラメット川沿いに波止場を建設した。

のポートランドにおいて保険会社を設立し、それを経営した。1891年には、彼が、ポートランドとイースト・ポートランド、そしてアルビナの合併を祝うパレードを指揮した。

イアナ州からポートランドにやって来た。ポートランド初の法務官に選出され、初の公立学校の設立を支援した。娘のメアリー・ジェーンはダニエル・W・バーンサイドと結婚した。

ジョン・H・カウチ(Couch)はマサチューセッツ生まれの船長であり、フランダースのビジネス・パートナーだった。彼は、アルファベット地区になるエリアを開発した。

side)は、街の形成期における卓越した実業家であった。バーモント州で生まれ、ゴールドラッシュでカリフォルニアに向かい、1852年にポートランドに移り住んだ。

アレクサンダー・P・アンケニー(Ankeny)船長は街で初の劇場、ニューマーケットシアターを開いた。

アルファベット地区

ウィラメット川

過去と未来 59

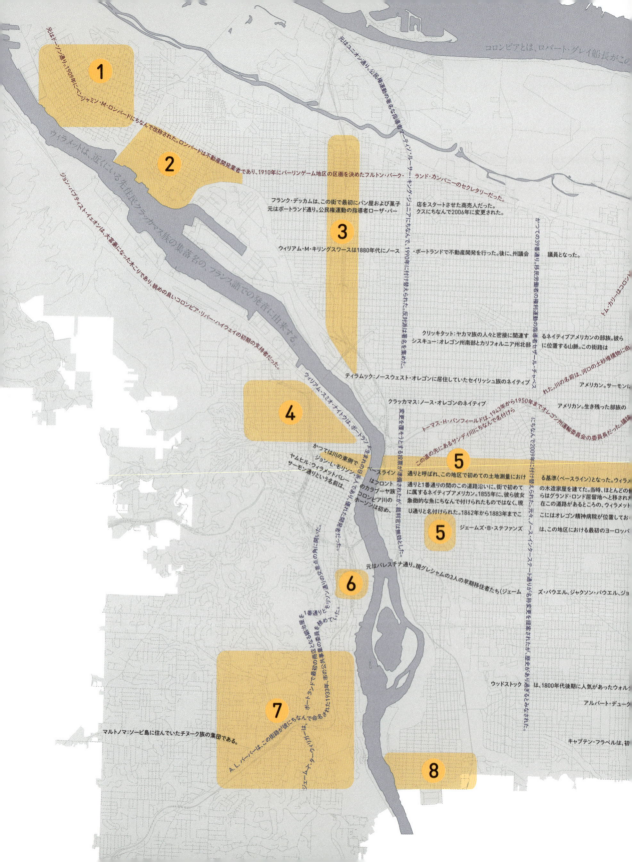

ポートランドの街中には、街路名にはっきりとしたテーマをもつところがある。もっとも、曖昧過ぎて大半の住民が認識できないものもあるのだが。

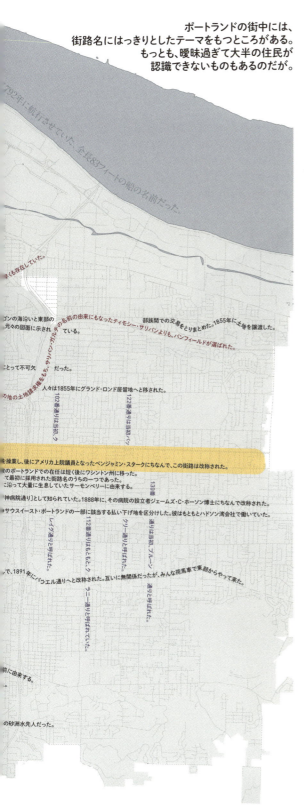

1. セントジョンズの街路名で最も目立つテーマは、都市である。ボルチモア、フィラデルフィア、ピッツバーグ、シカゴ、ニューヨーク、シラキュース、チャールストン、リッチモンド、リノ、オリンピア、セイラムなどがそうだ。ネイティブアメリカンの言葉からつけられたニューヨークの地名、たとえばオスウィーゴ、セネカ、モホーク、ハドソン、アレゲーニーなどが最もよく使われている。

2. ユニバーシティ・パーク地区の街路には、一流大学の名前が付けられている。アマースト、バークレー、ボウディン、バッファロー、バトラー、ケンブリッジ、デポー、ドルー、ハーバード、モーガン、オバーリン、プリンストン、スタンフォード、シラキュース、ヴァンダービルト、ワバッシュ、ウェルズリー、そしてイェール。これとは別の32本の道には、有名な教育者、神学者、作家、そしてメソジスト派の歴史上の重要人物にちなんだ名前が付けられている。

3. ノース・インターステート通りとノース・アルビナ通りに挟まれた南北の通りには、Mで始まる州にちなんだ名前が付けられている。メリーランド、モンタナ、ミネソタ、ミズーリ、ミシガン、そしてミシシッピ。マサチューセッツ通りはインターステート通りのすぐ西側にある。

4. ノースウェスト・ポートランドのアルファベット地区──前ページを参照。

5. ポートランドの中央部には、木にちなんで道路の名前が付けられている2つのエリアがある。イースト・バーンサイドのすぐ南側は、アッシュ、パイン、オーク、オルダーである。ラズ・アディッションにあるのは、バーチ、サイプレス、ヘイゼル、ヘムロック、ヒッコリー、ホーリー、ラーチ、ラベンダー、ローカスト、メープル、マルベリー、オレンジ、パーム、ポプラー、スプルース、そしてタマラックだ。

6. サウスウェスト・ポートランドには、1800年代中頃のオレゴン州知事にちなんで名付けられた10本の街路があり、南端のアベルネシ通りから北端のウッズ通りまでおおよそ年代順に並んでいる。

7. サウスウェスト・ポートランドには、決まったパターンに沿ってはいないものの、州名にちなんで名付けられた街路をもつエリアがある。南にいくと、ガーデン・ホーム、ロベリア、マリーゴールド、オーキッド、プラムなどの植物をテーマとした街路が現れる。このエリアには女性にちなんで名付けられたいくつかの街路も点在しているが、ファーストネームのみであるため、それがどの特定の女性であるのかを見分けることは難しい。

8. セルウッドの最南端の街路は、オレゴン州とワシントン州の場所にちなんで名付けられており、ほとんどはネイティブアメリカンの言葉に由来する。ネハレム、タコマ、テニーノ、ユーマティラ、クラットソップ、オーココ、マリオン、そしてリン。ネハレム、テニーノ、ユーマティラ、クラットソップは、オレゴンの先住民族である。タコマは、マウント・レーニアに対するネイティブアメリカンの名前。オーココは、柳もしくは高い松を意味するパイユート族の言葉だ。

過去と未来　61

移住者たちの足跡

19世紀後半と20世紀初頭、ヨーロッパからの移民が、周知のとおりニューヨークのエリス島を通ってアメリカ合衆国へと殺到した。この時代、ポートランドにも大規模な移民の流入があった。多くは鉄道会社で仕事を見つけ、ノースおよびノースイースト・ポートランドのアルビナ地区に移り住んだ。合算するとスカンジナビアの人口集団が最大であり、この地区にはスウェーデン人、デンマーク人、ノルウェー人の信徒たちのために多数の教会が建設された。聖スタニスラウス・ポリッシュ教会は近くの小さなポーランド人コミュニティのためにあった。マウント・シオン・バプテスト教会は、ロシア人移民たちの要望に応えていた。「リトルロシア」と呼ばれるくらい、移民たちはこの地区に密集して暮らしていた。サウスイースト・ポートランドでは、初期のイタリア人移民たちが、野菜を育てられる大区画の土地があるエリアに移り住んだ。そして1913年には、そこに聖フィリップ・ネリ・カトリック教会が建てられた。

ポートランドの移民集住地区は、主に移民たちが自活するまでに必要な期間だけ一時滞在する場であった。移住者の入れ替わりは激しく、足跡はほとんど残らなかった。たとえば、ノースウェスト・ポートランドのスラブタウン地区の住民は、最初がアイルランド人で次がクロアチア人だった。アルビナでは、ヨーロッパからの移民が市の中産階級の地区に吸収されていなくなり、アフリカ系アメリカ人住民の多い地区になった。ほとんどのスカンジナビアの教会では大部分が黒人の信徒に変わった。スカンジナビア半島からの移住者の面影は、ノースイースト11番通りとカウチ通りの角にあるノース・ホール［ノース（Norse）はスカンジナビアの／ノルウェーのという意味］にみられる。聖スタニスラウス教会はポーランド人コミュニティの中心であり続けており、毎年祭りを開催している。

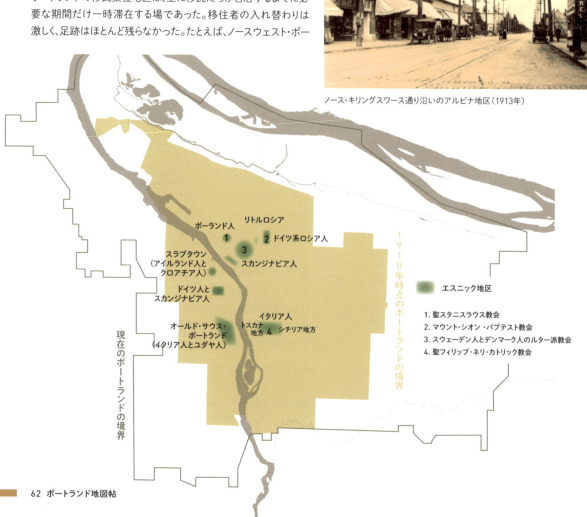

ノース・キリングスワース通り沿いのアルビナ地区（1913年）

1. 聖スタニスラウス教会
2. マウント・シオン・バプテスト教会
3. スウェーデン人とデンマーク人のルター派教会
4. 聖フィリップ・ネリ・カトリック教会

サウス・ポートランドとして知られたこの地区には、イタリア人と東ヨーロッパ系ユダヤ人の移民コミュニティが存在した。1900年から1910年の間に、ユダヤ系人口は2倍に増え約2,300人になったが、イタリア系人口は5倍に成長し約3,000人に達した。多くのユダヤ人移民にとって最初の滞在場所はネイバーフッド・ハウスであった。現在は移転して活動している。ユダヤ人移民は家族で住む傾向があったが、イタリア人移民人口の75%は男性（1910年）であり、ほとんどは独身だった。この地区の事業主や店員の大半はユダヤ人であった。イタリア人男性は一般に労働者や行商人として働いた。マルクアム・ガルチにある馬小屋の馬や荷馬車に乗り込み、サウスウェスト1番通りにある中古品店と商取引した。子どもたちはシャタック学校（現在のPSUのシャタック・ホール）とフェイリング学校（元の建物は現在のナショナル・スクール・オブ・ナチュロパシック・メディシン）に通った。イタリア人のカトリック教徒の子どもたちは、多くが聖ローレンス教会の学校に通った。この地区にはいくつかのユダヤ教の礼拝堂があり、ケッサー・イスラエル礼拝堂が残っている。もともとイタリア人のためにあった大天使聖ミカエル教会も、現在そこにある。

1955年、ポートランド市はこの地区を都市再開発およびメモリアル・コロシアム［スポーツ競技場］の候補地に選定した。市の開発担当者らは、住民の三分の一以上が60歳を超えており、多くは一人暮らしであるという事実を引用しながら、そこが荒廃していると断言した。有権者たちはコロシアムの立地に東側を選んだが、サウス・ポートランドの取り壊しは構わず進められた。オフィスビルと高級マンションが入って来るようになり、ついには州間道405号線がこの地区の古い中心部を横断するように建設された。古くからの近隣地区は大半が失われてしまった。初期の移住者たちの痕跡が現在の街の景観にほとんど見られない点で、ポートランドは極めて珍しい。東海岸の多くの都市と比べると、ポートランドにはヨーロッパからの移民地区がほとんど残っていないのである。

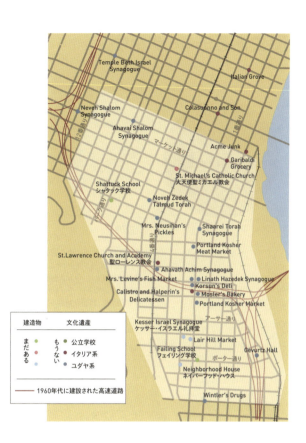

州間道405号線建設中のサウス・ポートランド（1963年）

外国生まれの住民の主な出生地

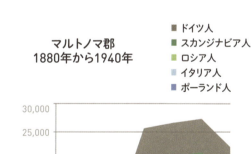

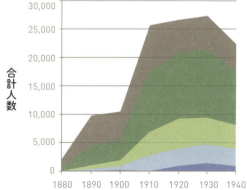

歴史あるチャイナタウン

- チャイニーズ・ガーデン［菜園］
- 中国系の商店や住居のある街区
- 1910年頃の道路
- タナー・クリーク

1879
中国人移民は市の中心部とタナー・クリーク沿いに移り住み、そこで伝統的な農業に従事した。中国人移民の大多数は独身男性であり、チャイナタウンで下宿や洗濯屋、娯楽が提供されていた。

1889
チャイニーズガーデンは21エーカーに及ぶ範囲に広がり、街の大半に農産物を供給していた。中心部には100を超える中国系商店があり、バルコニーや提灯、カラフルな看板により中国系と一目でわかった。

1901
ガーデンは、マルトノマ・アスレチック・クラブに土地を明け渡した。当時のチャイナタウンには賭博場38軒、売春宿36軒、劇場3つ、寺が6つあった。1894年の大洪水は、中国系商店がバーンサイド通りの北へ移動するきっかけとなった。

1908
市中心部の資産価値上昇と、2番通りとオルダー通りの交差点付近で起こった大規模火災によって、より多くの中国系商店がバーンサイド通りの北へと移動することになった。日本人の移住が増加し、同じ地区にジャパンタウンが形成された。

1926
1926年までに、いくつかの大きな変化が中国人コミュニティに生じた。1910年、ポートランド市は中心部での農産物の路上販売を禁止した。チャイニーズガーデンはもはや経済的に存続不可能となり、間もなく姿を消した。

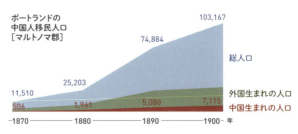

ポートランドで初の中国人所有の店（レストランと下宿）は、市の創設と同じ1851年に開業した。中国人コミュニティは、菜園で育てた食糧からチャイナタウン住民の労働力に至るまで、19世紀後半のポートランドの著しい発展を多方面で支え、都市とともに成長を遂げた。他の移民やアメリカ国民と同様に、中国人男性も1849年のゴールドラッシュによってカリフォルニアへと引き寄せられた。当時は、アメリカも中国も移民に関して門戸開放政策をとっていた。それに続く数十年間に、鉄道に関わる新たな就業機会が、中国人移民たちを北のオレゴンへと向かわせた。1800年代の後半から1900年代前半にかけて、中国からアストリアやポートランドを目指して多くの船が入港した。そして、中国人はこの街で最も多い外国生まれの居住者になった。

当初より、西海岸の中国人移民たちは偏見と暴力に直面した。特に1859年のオレゴン州憲法は、中国人とアフリカ系アメリカ人による投票や市民権の獲得を禁止した。1870年代には、高い失業率を中国人のせいだと非難する特定の労働組合がいくつか現れ、この圧力によって1882年に連邦法で初となる中国人排斥法が施行されることとなった。それによって中国人労働者の移住は禁止され、後に労働者と商人の妻たちの移住も禁じられた。

1890年頃のチャイニーズガーデン

中国人移民のコミュニティでは、男性が女性の数を大きく上回っており、このことは性差を拡大させただけだった。排斥法は1943年まで有効であった。

1885年と1886年に、シアトルやタコマ、またワシントン州とオレゴン州のその他の地域で起こった反中国暴動は、多くの中国人に移転を強いることとなった。ポートランドでは、ジョン・ゲイツ市長とオレゴニアン紙が断固反対したことで反中国暴動は回避された。それは市長とオレゴニアン紙の編集長が人種差別を嫌悪したということではなく、どちらかというと、暴徒化した集団の破壊行為を避け、文明化され順法精神のある社会をポートランドで発展させたいと願ったものだった。中国人は必要悪であり、都市の急速な成長に不可欠であるが、本質的に劣った人であり同化することはできない、というのが彼らの見方だった。ポートランドのチャイナタウンは、周辺地域からの避難者にとって安全な避難先となり、現地で成功した中国人起業家によって再定住を援助された。

1890年には中国生まれの人がポートランド市の総人口の10%近くになった――4万6千人ほどの街では大きな存在だ。中国人を都市の狭い一角に制限することについて、サンフランシスコでの実施を受けて多くの公的な議論が交わされたが、その努力が全面的に成功することは決してなかった。中国人住民たちはすでに、市中心部の至る所で建物を占有していたのだ。中国人の賃借人には白人よりもかなり高い家賃を請求することが当たり前のように行われていた。多くのビルオーナーにとっては、これが中国人の賃借人に物件を貸したり、より多くの人に適した部屋やオフィスとして増築したりするインセンティブになった。

伝統的な中国の家族構成の欠如と、白人社会の人種差別によって、全国のチャイナタウンでオルタナティブな社会構造が発展した。地区組織は中国の同じ省から来た人々で構成された。ファミリー組織またはクランは同じ名字をもつ人たちで構成され、秘密結社（tong）は反体制的であり、往々にして犯罪組織であった。これらのグループは、在米中国人たちの金銭的、法的、社会的、そして教育的な要求を満たした。中華会館（CCBA）は全国組織であり、ポートランド支部はジン・ワァ・アソシエーションとして知られていた。CCBAは弁護士を雇い、労働契約の交渉を行い、中国政府との橋渡し役を果たした。秘密結社はしばしばCCBAの決定に反対し、アヘン吸飲所や賭博、売春といった、チャイナタウンに悪い評判をもたらす地下活動に関与した。

チャイナタウンの今

最近の数十年間は、中国および他のアジア地域からポートランドに来た移民が、市中心部から遠く離れたところに移り住むのが普通だった。1920年代のチャイナタウンは、今でもまだ正式にチャイナタウン地区として知られている。チャイナタウンの歴史は、チャイナタウン・ゲートやラン・スー中国庭園、装飾街灯に残されているが、中国人が経営する店はほとんどなくなった。中国のレストラン、食料品店、その他ビジネスのほとんどは、最近ジェイド地区と名付けられたエリアのサウスイースト82番通り沿いにある。ジェイド地区は、他のアジア諸国や世界各国にルーツをもつ人々の遺産を継承しているコミュニティの中心である。

ディビジョン通りとパウエル通りに挟まれた、サウスイースト82番通り沿いの新たな商業地であるジェイド地区は、ポートランドの初期のチャイナタウンと驚くほど多くの共通点をもっている。ジェイド地区は、治安が悪く、好ましくない（麻薬取引や売春と同じく、車の運転と環境汚染に関しても）と評判の悪いエリアに位置している。地域の住民と起業家たちは、ここに、責任をもってコミュニティの繁栄を創り出してきた。母国の文化や建築からインスピレーションを得るやり方で、不動産物件を再開発することを選んだ人もいる。さらに、コミュニティガーデンの計画もある。初期の中国人移民と同じように、住民たちはそこで伝統料理の食材となる野菜を育てることができるようになるだろう。

1970年以降には、ジェイド地区の近隣でアジア系移民の増加がみられるようになった。1970年には、この地区の外国生まれ、アジア生まれ、中国生まれの人口は、相対的な規模でみると都市全体のそれと基本的にすべて同じだった。1990年になると、外国生まれの総人口は市全体のパーセンテージをわずかに上回る程度だったが、その移民の85%はアジア諸地域から来ており、半数近くは中国からだった。以来、中国人移民の相対的な数はポートランド市平均の3倍以上となっている。

新しい住民とともに、多くの新しい商店もオープンした。有名な**ハン・ファー・ロウ**（Hung Far Low）レストランのように、昔からある中心部のチャイナタウンから移転してきたところもいくつかあった。大きな食料品店が入ったアジア系ショッピングセンターの**ファボン**（Fubonn）は、2006年に開店し、この地区の一つの中心となっている。

地元企業のオーナーやその他の地域住民の努力によって、この地区は2011年にポートランド市開発局（PDC）からネイバーフッド・プロスペリティ・イニシアチブ（NPI）の指定を受けた。NPIプログラムは、都市内で十分なサービスを受けていないエリアの商業地区、とりわけ低所得者層や白人以外の住民が多いところに焦点を当てている。PDCから提供される助成金と支援、理事会と地区管理人のリーダーシップをもとに、ジェイド地区組織は住民およびコ

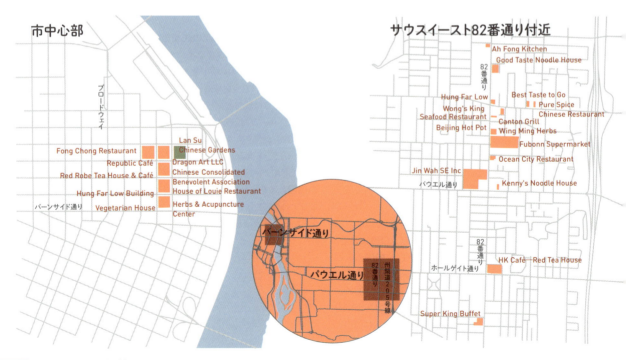

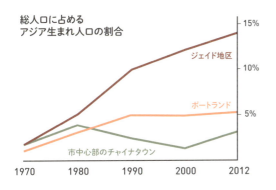

総人口に占める
アジア生まれ人口の割合

象徴的なハン・ファー・ロウ・レストランの看板

ミュニティグループと協力して、地区の多様な人口に対して経済的機会を創り出し、健康とウェルビーイングを向上させようとしている。オレゴンのアジアン・パシフィック・アメリカン・オーガニゼーションは2013年、こういった地域活動の支援を請け負うことに同意した。

ウィン・ミン・プラザ（Wing Ming Plaza）はジェイド地区プロジェクトの恩恵を受けた商業区画の一つである。中国育ちの事業主ケン・ユーがこの複合商業施設をデザインし、建設を手がけた。慌ただしい82番通りから外れて、駐車場の大きな木を囲うように店舗や住宅が集まっている。ユーは、ウィン・ミン・プラザのデザインについて、故郷の都市形態や歩きやすさから着想を得たと、最近行われた市主催の地区のウォーキングツアーで述べた。

商業的な開発に加えて、ジェイド地区は春節（旧正月）のお祝いなどの文化的イベントも計画している。夏にはアジア風の夜間市場が企画されており、おそらく新たに作り直されたポートランド・コミュニティカレッジのキャンパスで開催される。2014年6月21日には、ハリソン・パーク小学校でコミュニティガーデン事業が始まった。

サウスイースト82番通りとタガート通りの角近くにあるウィン・ミン広場の看板

ウェスト・バーンサイド通りのチャイナタウン・ゲート

サウスイースト82番通りにあるファボン・ショッピングセンター

野外ステージ、アメリカ政府の建物、ギルズ湖

埋め立てられた博覧会の面影
ギルズ湖

現在のフォレスト・パークとウィラメット川の間にある、かつては低地で占められていた220エーカー［約89万㎡］の沼地は、歴史的に多くの変化が起こった場所であった。19世紀の移住者、ピーター・ギルドとエリザベス・ギルドは、払い下げ地法によって1847年に598エーカー［約242万㎡］の手つかずの沼沢地を請求することができた。そこには、三日月形の湖とその湖周辺の未使用地の所有権も含まれていた。

ギルズ湖（後にそう呼ばれるようになるのだが）は、ウィラメット川から切り離されたU字形の湖だった。1870年にピーター・ギルドが亡くなった後、エリザベス・ギルドと9人の子どもたちはその土地を相続した。そこは、成長する都市の周辺的側面を有しており、移民農家やごみ焼却炉、酪農場、製材所などが立地していた。

1903年、ジョン・チャールズ・オルムステッドは、人口が急増するこの都市に公共公園を設計する契約を交わした。一般的には森林風景を損なうと思われたのだが、彼はギルズ湖をルイス・クラーク100周年・アメリカ太平洋博覧会・オリエンタル展示会の会場に選んだ。博覧会はおよそ160万人を集め、ポートランドを遠くにある木材製造の開拓地ではなく、発展する大都市として宣伝した。

展示会の後、ギルズ湖は再びごみ廃棄場になったのだが、膨張する都市から出る廃棄物を十分に処理することはもうできなかった。ラフィエット・ペンスは、この土地を一掃して湖を埋め立て、住宅と工業用に地区を再開発することを提案した。1907年までに、彼は努力を見せようと濁った湖の処理と部分的な住宅建設だけで数十万ドルを費やした。彼はプロジェクトを断念し、新たな投資家を探しにポートランドの街を離れたのだった。

1909年、ルイス・ウィリー・ハイドローリック社が斜面の土砂を使ってギルズ湖の50エーカー［約20万㎡］を埋め立てることに成功し、56の新しい工業区画を造成した。ノーザン・パシフィック鉄道会社の後押しで大規模な工業地区が要請されるようになり、このエリアが重要な操車場になった。1920年代の初めには、ポート・オブ・ポートランドが、ウィラメット川の浚渫土を使ってギルズ湖の残りの部分と周辺の湿地帯を埋め立てる開発事業に投資した。商品流通の進歩にもかかわらず、ギルズ湖の上に建てられた交通の拠点は今日に至るまで使われている。

1920年にポートランドはギルズ湖のある地区を併合したが、世界恐慌によって産業のさらなる成長は妨げられた。第二次世界大戦中には、近くのカイザー造船所によって、ギルズ湖住宅プロジェクトと呼ばれる仮設住宅に住む労働者の大量流入がもたらされた。1950年頃には、かつての湖に重工業が集中するようになった。

戦後は、化学製品、石油精製・備蓄、金属製造、およびその他の大規模工業が急成長した。現在ノースウェスト・インダストリアル地区と呼ばれるこのエリアは、半導体製造、大規模印刷、国際流通などの拠点になっている。2001年にポートランド市は、「工業地区としての長期にわたる経済的な活力」を守るために、ギルズ湖工業保護区域計画を採択した。今日では、ギルズ湖は、ポートランドの歴史的文書に保存され、地域の事業所名に使われるだけの、昔の名残である。湖そのものは大量の土砂の下に埋もれている。

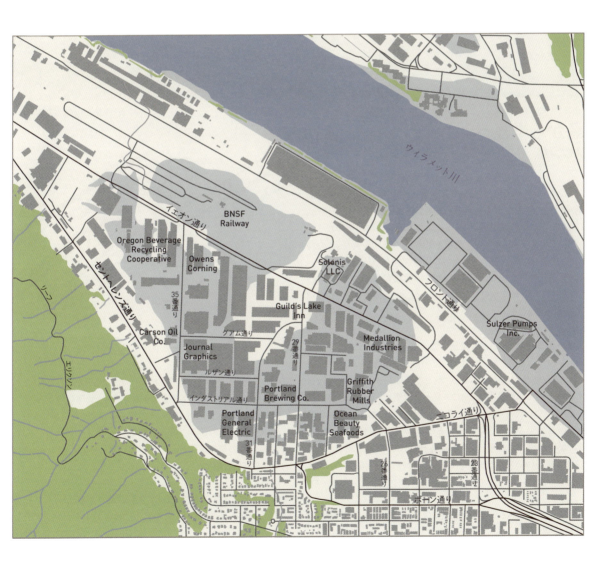

スワン島市営空港の航空写真(1935年)

島から半島へ
スワン島

スワン島は様々に姿かたちを変えてきた。島、半島、造船用地、空港、再び造船用地、大きなオーク林、そしてスーパーファンド用地。1844年に初めて地図に描かれたとき、ウィラメット川の東岸から突き出たこの工業的な半島は、現在とは大きく違って見えた。この島は、毛皮の採取者や貿易業者たちの作業拠点だった。彼らは、アメリカ合衆国政府が出資する探検遠征隊6隻の司令官、チャールズ・ウィルクス大尉の支援によって、間もなくこの地域初のヨーロッパ人造船技師となる。

スワン島滞在中、ウィルクスは島に繁茂するオーク林に魅了されるようになった。事実、ウィルクスは日記の中でこの島を「オークの島」と呼んだ。任務から戻ってくると、ウィルクスはアメリカ政府に報告する地図帖で島の名前をウィロー島へと変更した。島の名前が最終的にいつ、そしてなぜスワン島へと変わったのか正確にはわからない。しかし、オレゴンの歴史におけるこの島の重要性は、ウィルクスが材料確保に貢献した船の建造・進水における造船チームの成功と結び付いている。「オレゴンの星」と呼ばれた船は、1841年に進水した。

スワン島が半島へと変化する歴史には、そこを取り巻く川の中の堆積物が関係している。この堆積物はウィラメット川を航行しようと

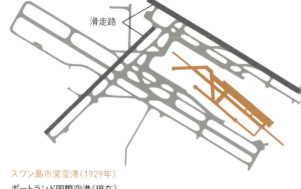

スワン島市営空港(1929年)
ポートランド国際空港(現在)

する船の船長にとっての頭痛のタネであり、航路を開けておくために島の両側を頻繁に浚渫する必要があった。毎年の浚渫は1870年代から早くも始まったものの、その維持には大きな費用がかかった。スワン島を1922年に購入したポート・オブ・ポートランドは、1927年に島の東側を閉じる許可を与えられ、島の西側でより広い通りの浚渫を始めた。

東側の水路が閉じられたことと、空港の需要が高まったことに伴い、スワン島の南端が埋め立てられ(これが島を半島に変えた)、滑走路が建設された。スワン島は空港にうってつけの立地であっ

た。中心に位置し、平坦であり、1926年までにアメリカ合衆国郵便公社はすでにそこを航空便事業の拠点として利用していた。チャールズ・リンドバーグが、1927年の記録的な大西洋横断飛行から間もなくして、新しくできたスワン島市営空港の開所のためにポートランドに飛行機で乗り入れた。ただし、空港が実際に旅客サービスの運営を始めたのは、1929年になってからだった。

スワン島空港は人気の行先になった。ほぼすぐにフル稼働となり、スタントパイロットと航空ショーを見に来た大勢の人で週末はいつも混み合っていた。しかし、この空港の成功は長くは続かなかった。なぜなら、航空産業の新たな開発によって、スワン島の滑走路には大きすぎる航空機が登場することになったからである。スワン島はこれ以上拡張できないため、空港の拡大は選択肢になかった。空港がオープンしてたった8年後の1935年までには、ポートランドの空港をスワン島に置いておけないということが、当局者たちにははっきりしていた。間もなく、後にポートランド国際空港となる大きな空港が、北東に建設された。スワン島市営空港は、1940年代初頭を最後に閉鎖された。

空港が閉鎖されてからすぐに、この島は造船の拠点になった。1941年の後半にアメリカが第二次世界大戦に突入すると、戦時中の造船需要を満たすために、ヘンリー・カイザーは7つある主要な造船拠点の一つをスワン島に配置した。カイザーの会社、オレゴン造船所は船の量産で有名で、第二次世界大戦中に建造された船のおよそ四分の一を生産した。

スワン島は長い年月をかけてかなり工業地帯として発展したものの、海運の場所であり続けている。造船会社ビガー・インダストリアルは、ここで3基の乾ドックと15のクレーンを運用し、今日も船の建造と修理をしている。スワン島にはまた、ほとんど知られていない歩行者・自転車専用道路、マッカーシー・パークがあり、ウィラメット川に行くことができる。この道に沿って、フリモント橋を写真に撮ったり、川のほとりで流木に囲まれてくつろいだり、ポートランド中心部の高さ上位30%に入るビル群の景色を楽しんだり、あるいは不法侵入や川魚を食用にする危険性を警告する看板をじっくり見て回ることができる。チャンネル通りの南端では、**ティルト**でウッディ・ロイヤルバーガーを食べながら、これらを一望できる――スワン島にある唯一のヒップスター文化だ。

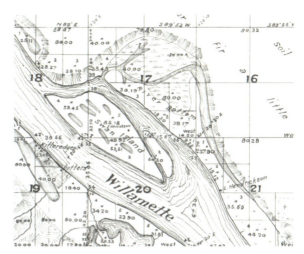

1852年 国有地管理局地籍図

1943年頃のスワン島での造船

スワン島工業団地（2014年）

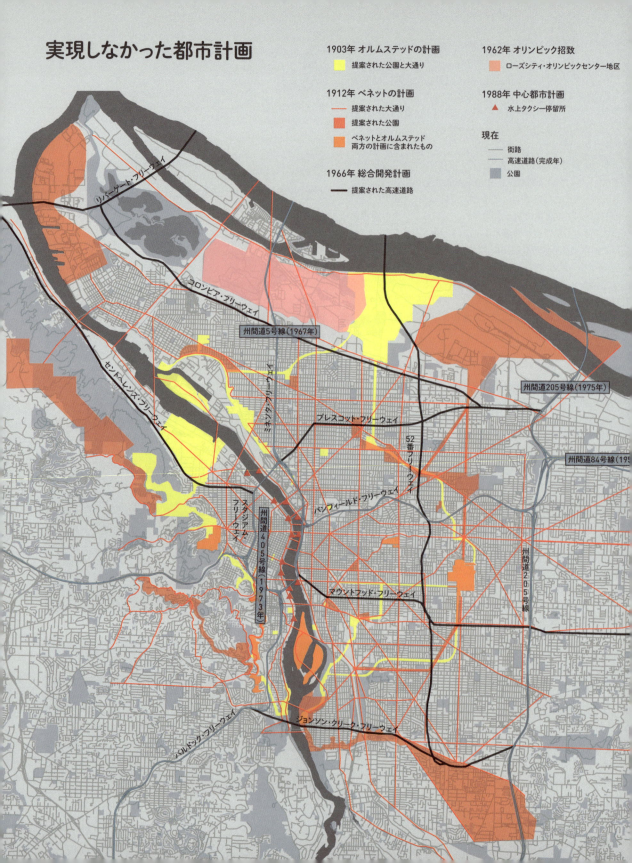

1903年 オルムステッドの計画

20世紀初め、ポートランド市の新しい公園管理委員会は景観設計家のジョン・オルムステッドを雇用した。彼は、ニューヨークのセントラルパークを設計した有名デザイナーの継息子だった。公園と大通りに関する1903年のプランは、マクリー、ワシントン、そしてコロンビアといった既存の市の公園を、緑地と並木のある大通りのネットワークに組み込むものだった。市にはそれを完成させる資金が無かったのだが、今日に至るまでプランナーたちに影響を与え続けている。オルムステッドの構想と現実との最も顕著な違いは、おそらく、ウィラメット川とコロンビア川沿いの湿地に計画した大きな公園が、すべて工業用に開発されたことだろう。計画書にあった蛇行した大通りのうち、西側のものは実現したが、東側に計画されたものについては形跡がみられない。

1912年 ベネットの計画

エドワード・ベネットのグレーター・ポートランド計画は、ヨーロッパ諸都市、特にパリの壮大な大通りや公園から着想を得たものだった。ベネットは、都市を交差する斜めの大通りを追加することを提案した。彼が計画したチャップマン公園とラウンズデール公園沿いの市民センターは、現在の庁舎の位置と一致している。もっとも、彼が思い描いたような種類の建物はそこに入っていないのだが。

1943年 モーゼスの報告書

1940年代から50年代にかけて、ロバート・モーゼスという名の男が全米諸都市を作り変えていった。彼は、高速道路、とりわけ貧困で労働者階級が多く住む地域を横切る州間高速道路を好むことで最もよく知られていた。ポートランドに関する彼の計画は、1944年に有権者に承認された。それは、下水道、波止場、学校、そして景色の良い郊外の環状自動車道を含んだものだった。

1955年 高速道路システムポートランド都市圏レポート

この文書は、ポートランドと遠くの郊外地域を結び付けるための14本の新たな高速道路（上図）を提案している。翌年、連邦政府は全国的に多数の高速道路の建設費をまかなうための計画を提示した。

1962年 ローズシティ・オリンピックセンター

テリー・シュランク市長は、1968年オリンピックのポートランド招致を指揮した。この計画は、オリンピック・スタジアム、6万席の野外水泳プール、そしてデルタ・パーク内で選手たちが滞在する選手村の建設を中心に展開した（下図）。アメリカ・オリンピック委員会は代わりにデトロイトを選び、最終的に競技会はメキシコシティで開催された。

1966年 総合開発計画

1966年の総合開発計画（上図）は、学校や公園、商店を地域内に備えるべき「単位」として各地区（ネイバーフッド）を概念化した初めての計画書だった。地区の名称はその地域を代表する小学校の名前と一致していた。その名称が定着し、今日も使い続けられているところもある。他方で、たとえばアップルゲート、ビーチ、ビンスミード、チーフ・ジョセフ、ホーリールード、レッサー、サカジャウィアなどは廃れてしまった。

1988年 中心都市計画

経済開発と暮らしやすさ、そして環境保護のバランスを重視した1988年の中心都市計画は、優れた都市計画の手本としてポートランドの全国的な名声に貢献してきた。この計画の中で提案されたアイデアの多く（イーストバンク・エスプラネードやOMSI［オレゴン科学産業博物館］など）が、その後建設された。実現しなかったなかで最も注目すべき提案はおそらく、市中心部からインナー・イーストサイドの間でウィラメット川を交差するように企図された、水上タクシーシステムであろう。市は、建設後に未使用のままとなっている水上タクシー乗り場をめぐって、未だに責任を逃れようとしている。

過去と未来 73

お化けが出る場所

ポートランドは自然に囲まれた街として知られるが、超自然的な環境としても有名かもしれない。この地図の霊的なオーラが示しているのは、薄気味の悪い景観——殺人事件、死亡事故、不気味な古い建物がある場所——の密度だ。墓地と幽霊の目撃情報も一緒に描かれている。

この街で最も美しく不気味な墓地の一つが、ローンファー墓地だ。サウスイースト・ポートランドにある30エーカー[12万㎡]の墓地で、2万5千人以上が眠る。そのうち1万近くは墓石が無い——なので、足元には注意！ 墓碑に刻まれている有名な名前の一つに、オレゴン精神科病院の設立者、ジェームス・ホーソンがある。ホーソンの患者たちも多くがそこに埋葬されている。

地図の背景にある写真は、セントジョンズ橋の下にあるカテドラル公園のものだ。1949年、10代の少女がこのあたりで殺害され、後に犯人はガス室での死刑判決を受けた。その後長い間、夜の公園から助けを求める叫び声を聞いた住民が警察に通報するということが起きた。しかし何も見つからなかったため、橋の下の公園に出没するその若い魂の幽霊から発せられた声だと考える人もいる。

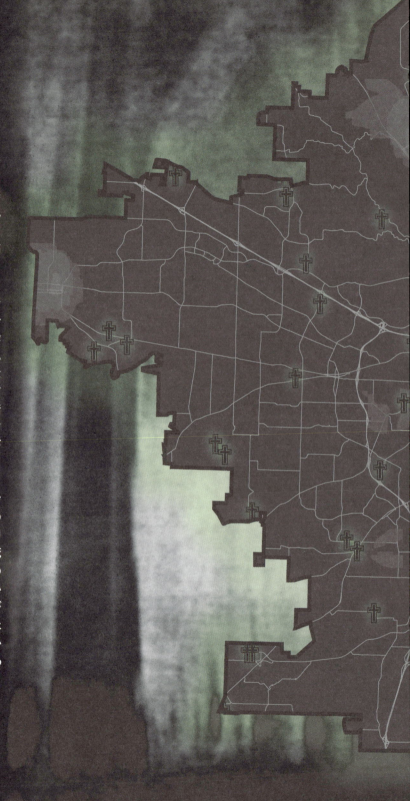

安らかに眠る

- お化けの目撃地点
- ローンファー墓地
- 墓地

怖さのレベル
（殺人事件、死亡事故、不気味な古い建物）

身の毛もよだつレベル　　　眉をつり上げるレベル

メイウッドパーク――ポートランドに浮かぶ「島」

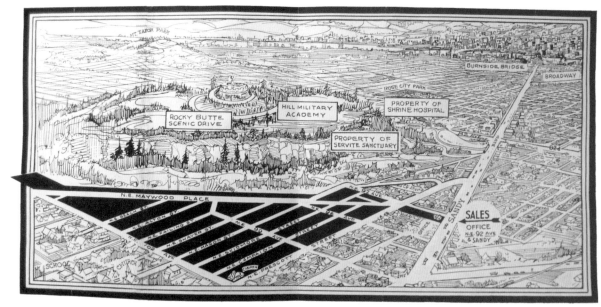

メイウッドパークのパンフレットに見るイメージ（1930年頃）

　メイウッドパーク市は、ポートランド市に四方を囲まれた、小さな、市制化された都市の「島」である。1平方マイル［約2.6km²］の五分の一に満たない一切れの区画であり、300ちょっとの住宅に750人が暮らしている。メイウッドパークは多くの点でポートランドによく似ている。人種・民族的な構成はポートランドとほとんど同じで、人口密度もそうだ。ポートランド住民のほとんどは、自分たちの市の中に別の市が埋め込まれていることさえ知らないだろう。この小さな地域は、どうやって独立した市になったのだろうか？

　この話は、ポートランドの人口が25万人を突破し、路面電車の路線や自動車利用者向けの分譲地に沿って街が外側へと成長し続けていた1920年代に始まる。そのとき、サンディー通りはノースイースト・ポートランドの外側部分を通る唯一の機能的な車道だった。1920年代、この車道はコロンビアリバー・ハイウェイとの接続のために拡幅・延長された。メイウッドパークになる三角形の区画は、コロンビア・リアルティー社によって1926年に購入された。

　購入時には、その区画はパークローズ地区の農地だった。分譲地として開発するために、速やかにその土地の図面が作られた。メイウッドパークの初期の創設者たちは、この地区がロッキービュート（死火山）の「東側の陰」に位置していること、針葉樹林の密生地の中心にあること、そして最も重要な点として、サンディー通りの拡張と結び付いていることを強調した。1930年、不動産開発業者のコモンウェルス社は、ローレルハーストに似たおしゃれな分譲地を建設する意図で、メイウッドパークの所有権を手に入れた。世界恐慌によって意図した高級住宅の計画は妨げられたものの、1940年代にはその分譲地での住宅建設が始まった。現在メイウッドパークにある質素な東海岸のケープコッド式住宅やイギリスのバンガロー式住宅の多くは、この期間に建てられたものだ。これらの古風な趣があり入念に景観が整えられた家々は、周辺のパークローズに建設された第二次世界大戦の余剰住宅とは劇的に違って見えたことだろう。

　メイウッドパークと周辺地域との不調和は、住民たちにパークローズにもノースイースト・ポートランドにも属していないという感覚を与えたかもしれない。この隔絶された感覚は、なぜここがポートランドの単なる一地区ではなく、市制化された都市になったのかをうまく説明してくれる。1956年の連邦補助高速道路法を受けて、州間道5号線が建設された。そのあとすぐに、州間道205号線バイパスが計画され、メイウッドパークを突き抜けることが予定された。メイウッドパークの住人たちは、もし市制化されれば、住宅地を通るこの高速道路建設を中止させるチャンスが広がるかもしれないと考えた。正しいか間違っているかはともかく、この考えは、オレゴン州は市制化された区域に高速道路を通したくない、という理解に基づくものだった。「市」を通じて高速道路建設を中止させるという目的をもって、メイウッドパークの住民たちは1967年に市制施行を求め、州は

「ホーム・ルール」の原則にのっとりそれを許可した。

メイウッドパーク市憲章にもかかわらず、結局、州間道205号線を別ルートに変更させることには失敗した。しかし、住民たちは取り壊されるはずだった多くの住宅を守り、騒音や交通への接近を最小限に抑えるよう高速道路の高さを下げさせ、高速道路の側面に沿って防音壁を設置させた。とはいえ、メイウッドパークの一部は破壊されたのだが。

メイウッドパークが市制化された1967年の時点では、ポートランドとグレシャムの間にある広大な市制化されていない区域はミッドカウンティとして知られており、それは1990年代まで続いた。ポートランドとグレシャムによる1980年代と90年代の合併まで、メイウッドパークはこの地域で唯一の市制化された市として、ミッドカウンティの北西部4分の1にあたる部分の真ん中に位置していた。

1983年に、ミッドカウンティの全域をコロンビアリッジという名の市へと市制化する試みがなされた。この提案は失敗に終わり、パークローズ、パークローズ・ハイツ、ウッドランドパーク地区のほぼすべては、1983年12月から1985年11月にかけてポートランドと合併した。これらの地区は、メイウッドパークの北、南、そして東を取り囲んでいる。つまり数年の間に、ポートランドから孤立した都市だったメイウッドパークは、ポートランドに取り囲まれた「島」都市になったのだ。これがメイウッドパークの物語である。ポートランドの一部に見えるけれども、それとは別のものなのだ。

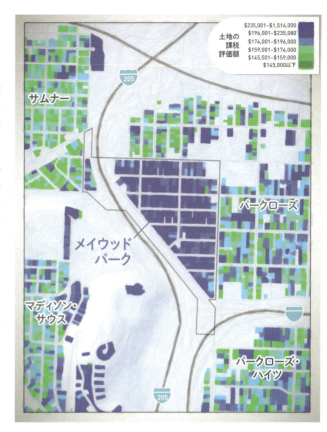

州間道205号線バイパス。ここがかつてのメイウッドパークの西端であり、1978年まではここの右端に沿って家が立ち並んでいた。

メイウッドパークの現在の西端。この写真は高速道路の写真(左)の20フィート[約6m]東で撮影された。

過去と未来　77

III. 自然と野生

ポートランドは緑地空間や自然環境に近いことでも有名である。たとえば、ポートランドにはアメリカで最も大きい都市自然林地域——フォレスト・パーク——がある。広大な公園のネットワークは街のほとんどの部分に行き渡っている。市中心部のパーク・ブロックスには楡、オーク、カエデの木々が並んでおり、動物の像があちこちにある。だから多くの人にとって、ポートランドでは、都市と自然の境界が意図的に曖昧にされているのだ。これはデータが示している。たとえばここでは、「都市の林冠」のような言葉を使う。ポートランドは、農村の保護地区（50年間保護すべきと判断された農地や森林地）と都市の保護地区（都市開発に適しており50年間保護すべきと判断された地区）の両方をつなぐ役割を果たしている。

ポートランドでは自然環境との対立もある。市民は現代の快適さとモビリティを期待しながら、同時に、工業化以前の自然環境とのより直接的な関係に思い焦がれているようだ。この緊張関係の中で、心配の種や議論の的になっているのは、都市が成長していくスピードについてである。都市が大きくなりすぎたり、第二のサンフランシスコやシアトル（！）にならないように、ということだ。都市の変化が忍び寄ることを防ぐため、オレゴン州の法律では、州内の各市と都市域に、自然地域と農業用地の両方で開発が制限される都市成長境界線を定めている。

だが、ポートランドに忍び寄り蘇り続けているのは、多くの点で自然環境の方だ。ここでは苔が車全体を覆うことも日常茶飯事。都市のほぼすべての［アスファルトやコンクリートで舗装された］不浸透性の表面からは、草や植物が発芽している。コンクリートの歩道は変形し、木の根によって裂けている。厄介なブラックベリーは、山羊や草刈り機、剪定はさみで手入れしなければ、2-3年で都市を覆ってしまうかもしれない。この章では、有名な計画イニシアチブ、多様な交通の結び付き、手入れの行き届いた公共公園、そしてキノコのように乱立するコンドミニアム開発がみられるにもかかわらず、ポートランドは自然で野生的でもある、という考えを探っていく。

スタンプ・タウン（切り株の街）

スタンプ・タウンとは、1850年代初頭から認知された、おそらく最も古いポートランドのニックネームである。人によっては、このあだ名は、今ポートランドが拭い去ろうとしている過去、森林破壊の景観を想い起こさせるものだ。他方で、ティンバーズやランバージャックス［ティンバーやランバーは木材や製材の意味］などのニックネームで森を伐採していた歴史を賞賛する企業やスポーツ・フランチャイズとともに、のんきにスタンプ・タウンの名を身にまとう人もいる。しかし、名前にいったい何の意味があるというのだろうか？

もともと、スタンプ・タウンは地域の森林の状態ではなく、急速に拡大していくポートランドの通りに散在していた切り株を指すものだった。実際に、この新しい街のすぐ周辺の土地は深い森林が大半であり、初期の入植者には「モミの木々の間から飛び降りようと待ち構えていたクーガーとパンサー」を覚えていた人もいる。とはいえ、初期のポートランドの景観は未開の原始林でもなかった。1851年に記録された土地調査データは、開拓者の入植によって変化がもたらされる前、その場所がどのように見えたかを写真で教えてくれる。街の景観は、一般に想像されるような果てしない原生林よりも、はるかに開かれたものだった。風景のダイナミクスは主に野火が引き起こしたが、ネイティブアメリカンはしばしば意図的に火を放って管理していた。

現在に早送りしよう。アメリカン・フォレストという団体によると、ポートランドは都市森林に関して全米上位10都市の一つと考えられている。アメリカ国内の多くの場所とは異なり、樹冠が覆っている面積は市全域、商業や工業地域であっても増加しており、2010年には30％に達している。しかし、これは別の種類の森だ。都市の森林は現在、23万6千本の街路樹、120万本の公園の木々、そして数は

1851年のポートランド 人口800人

フロント通り（現在のナイトウ・パークウェイ）から南を望む

2013年のポートランド 人口60万人

ナイトウ・パークウェイから南を望む

不明だが私有地内にある多数の樹木から構成されている。原生林のモミや杉ではなく落葉広葉樹が主であり、街路樹の85％、公園の木の77％を占めている。それらの木の50％は直径が6インチ［約15cm］未満であり、30インチ［約76cm］を超えるものは10％に満たない。

樹冠割合の平均値（たとえば住宅地の33％を占める、というような値）は、大きな空間的差異を曖昧にする。ヒルサイドやアーリントンハイツなどのウェストヒルズ地区は60〜70％が樹冠で覆われているが、南に隣接するヘイハーストやヒルズデールは30〜40％だ。

見たところ、イーストモアランドやローレルハーストのような緑豊かな東側の地域は平均値のあたりを上下しているが、イースト・ポートランドの地区はほとんどが20％ほどになっている。ラズ・アディッション（ポートランドで最も美しい木々に囲まれた地域の一つ）のあるホスフォード＝アバネシー地区は、地域に相当な面積の工業地帯と商業地が含まれているため、樹冠が街で最も少なくなっている。

カウンシル・クレストやマウント・テイバーのような場所から見るポートランドの景色では、街がほぼ完全に木々に覆われているだろう（もちろんそれは事実ではないが）。入植前の風景と同じでないとはいえ、この街は決してその数字が示すようなコンクリートジャングルではないのだ。

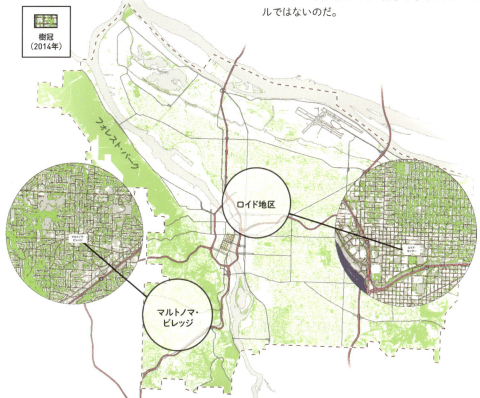

降っては止むにわか雨とサンブレイク

ポートランドは雨で有名であるとはいえ、年間降雨量は39インチ〔約991mm〕に過ぎず、アメリカの都市トップ10にも入らない。しかしポートランドは、雨の日が多い都市ランキングでは全米3位に入り、年間164日雨が降っている。つまり、ポートランドは雨が多いのではなく、いつも雨が降っているだけなのだ。

新しく来た人にとってポートランドの天気予報は、無意味か不正確か、あるいはその両方に見えるかもしれない。ポートランド住民が雨を表す40種類の言葉をもつというのは事実ではないが、雨や湿気について多くの表現がある。観測可能な降水、わずかな雨、霧雨、小雨、にわか雨。これらの語はすべて同じことを意味しているのかもしれない。また、降水確率20%が意味することはほとんど乾燥しているということだろうか、それとも1日の20%の間雨が降るということだろうか?「サンブレイク」(つまり曇りの日に太陽が現れる瞬間)は、太平洋岸北西部に固有の言葉のようだ。「オレゴン・サンシャイン」は花の名前であり、小雨を意味する言葉でもある。

降雨日数ランキング
10位以内のアメリカの都市
- 年間135日(デトロイトとマイアミ)から
- 年間167日(ロチェスターとバッファロー)まで

年間平均降雨量のランキング
10位以内のアメリカの都市
- 年間47.3インチ(ナッシュビル)から
- 年間62.7インチ(ニューオーリンズ)まで

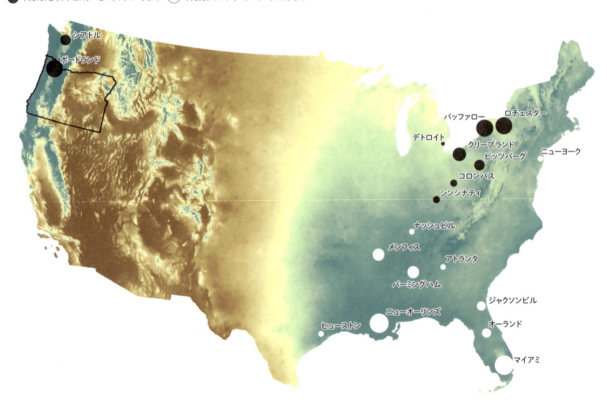

しかし問題は雨ではなく、ビタミンD欠乏症
9つの都市では、1年で半分以上の日、雲が空の3/4以上を覆っている。

デトロイト(MI) 185
シンシナティ(OH) 186
コロンバス(OH) 190
ロチェスター(NY) 200
クリーブランド(OH) 202
ピッツバーグ(PA) 203
バッファロー(NY) 208
ポートランド(OR) 222
シアトル(WA) 226

オレゴンの雨

オレゴン州における年間平均降雨量は、州東部の7インチ［約178mm］未満からコースト山脈の200インチ［約5,080mm］以上まで多様である。雨で有名なことから考えると奇妙だが、ポートランドはコースト山脈の雨陰にあり、東に広がるカスケード山脈によって冷たく乾燥した大陸の空気から守られている。

都市圏の雨

ポートランド市は、都市圏内で最もよく雨が降る場所というわけではない。都市圏の一部では、年間64インチ［約1,626mm］の雨が降る。これは、街で最も雨の少ない場所の一つである空港で測定されたポートランドの公式降雨量よりも25インチ［約635mm］多い。

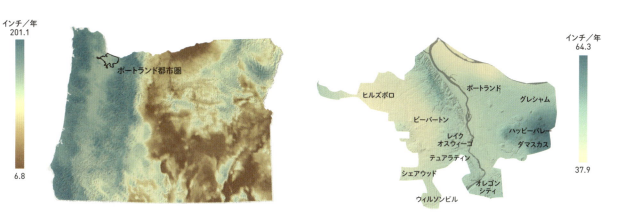

ポートランドの天気予報

失われた水と幻の水路

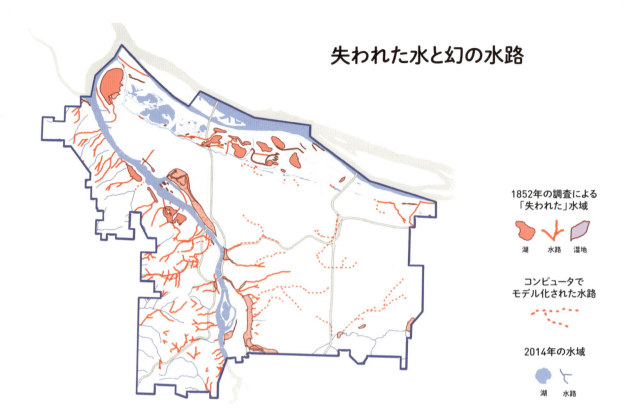

多くの都市と同様に、ポートランドは、都市を蛇行する河川と小川の大部分を暗渠にしたり埋めたりし、河川につながる多くの湿地に盛り土をした。こういった水の多くは、目に見えないがために忘れられている。歴史的な写真や政府の調査、古い地図をコンピュータ・モデリングと組み合わせることで、白人入植者が初めて訪れたときの水文風景を感じ取ることができる。

コロンビア・スラウの北にあるコロンビア川の氾濫原では、スミス湖とバイビー湖を除いて、広大な湿地と湖沼が様々な目的のために喪失した。ウィラメット川沿いの一部の地域でも同様である。断続的な水流は、昔ほど多くはないが、今もウェストヒルズを通って流れている。ウィラメット川の東のほぼ平らな土地では、ポートランド南端のジョンソン・クリークとその支流のクリスタルスプリングス・クリークだけが都市の川として残っている。古い地図には他にも川が存在していたことが示されているが、それはどれくらいだろうか？ ローレルハースト公園の西、ポートランド南部のイーストモアランド地域、およびサリバンズ・ガルチ渓谷を通る流れが確かにあったのだが、今は州間道84号線で埋め立てられている。

しかし、景観についての複雑なコンピュータ・モデルが、開拓時代の調査者によってマッピングされなかった多くの小川や支流の存在を示している。これらは理論上のみ存在する、目に見えない水路である。上の地図は、様々な歴史的かつモデル化された水域を示しており、ポートランドの失われた、想像上の水の背景にある物語を暗示している。その物語の一つは、現在のティンバーズとソーンズのスタジアム近くにあった皮なめし工場［タナリー］から名付けられた、タナー・クリーク（小川）の歴史と水文から見えてくる。

1800年代後半、タナー・クリークはセントラル・ウェストヒルズから、スティール橋とフリモント橋の間の浅いカウチ湖に向かって流れていた。クリークの流路には、ところによって深さ50フィート［約15m］、幅が数ブロックにわたる、はっきりとした谷があった。1921年の記述では、タナー・クリークは「美しい鱒の流れ」であり、ナマズやザリガニを捕獲する場所だった。そして地元の子どもたちが、今はバーンサイド通り❶があるトレッスル橋の下を通過する急流を楽しんだ、と書かれている。

ポートランドの人口が19世紀後半に増加するにつれて、タナー・クリークは管路システムによって流路を変え、ウィラメット川へ暗渠で排水されるようになった。カウチ湖❷と周囲の湿地は埋め立てられて産業発展の道となり、最終的にパール地区となった。長年にわたり、絶えず拡大するポートランドの街路から莫大な量の土が運び込まれ、タナー・クリークの流れは街から消えていった。かつて旧市街地に広がっていた谷は最もわかりやすい遺産であるが、今は

ジェファーソン通りにビスタ橋❸が架かるグース・ホロー地区で見ることができる。もともと、タナー・クリークの系統における管路の多くは下水道の排水管と組み合わされていた。市は、1990年代初頭から2011年の間にタナー・クリーク分水路プロジェクトを完成させたが、これは、その組み合わされたシステム（下の地図に赤で表示）から年間約1億6,500万ガロン［約6億2,460万ℓ］の雨水を取るというものだ。

タナー・クリークに今でも出会える場所がいくつかある。タナー・クリークの急な流れが、ライトレールのキングス・ヒル駅の東側にあるマンホールの下で聞こえると言われている。パール地区の歴史を感じさせるタナースプリングス公園❹は、元の流れとは物理的に接続しない代わりに、新しく建設された都市湿地としてリサイクルされた雨水を使用している。タナー・クリークが長年にわたってポートランドにもたらしたあらゆる影響を別にすれば、ひとたび小高いウェストヒルズの管路網に流れ込んだクリークの水は、平凡な名の11番排出口❺からウィラメット川に勢いよく流れ出るまで、日の光を再び見ることはないのである。

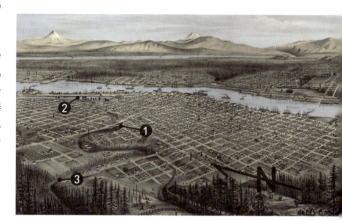

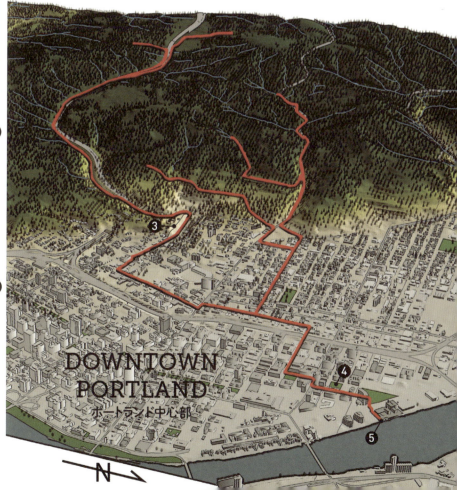

DOWNTOWN PORTLAND
ポートランド中心部

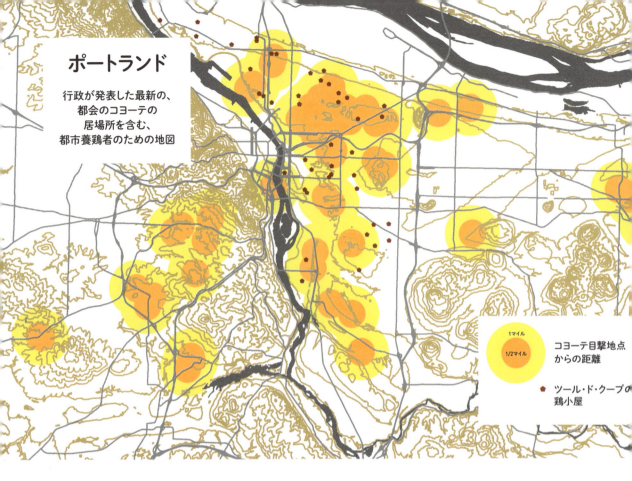

ポートランド

行政が発表した最新の、都会のコヨーテの居場所を含む、都市養鶏者のための地図

1マイル
1/2マイル
コヨーテ目撃地点からの距離

★ ツール・ド・クープの鶏小屋

都会の鶏と田舎のコヨーテ

多くの人にとってポートランドの良い点は、「都会の長所」と「田舎暮らしの長所」があるということだ。ポートランドには都会的な設備が整っている。と同時に、市バスにのって終点で下車すると、森の中または農場にいるということもありうる。賞を獲得した市の都市広場があるのは、アメリカ最大の森林公園からわずか数マイルの場所だ。

この二つの世界の長所を味わえる状況は、物理的な環境だけでなく、都会と田舎暮らしの間にある文化的差異についても当てはまる。ハイテク技術があふれ、洗練されたシンプルなデザインをもつ都会の価値は、土地のコミュニティや責任ある管理という農村的美徳にも適うと言われる。ポートランドの文化的アイデンティティについての一般的な視点は、都市部と農村部がただ交わるよりも調和するようなフロンティアに置かれているようだ。たとえば、ここでは鶏を育てることができる。いくつかの都市では無理だろう。ポートランドでは、鳥の写真とオーナーの電話番号、またはFacebookのページが記された「迷子の鶏」の貼り紙を電柱で見かけることも珍しくない。

もちろん、二つの世界の長所というイメージは、まさにイメージである。無料のランチはない。コヨーテにとっては無料のランチなのだが、まさにそこがポイントなのだ。そう、ほとんどの都市がそうであるように、ポートランドでも農村と都市は交わるが、緊張感のない出会いはめったにないのである。都市成長境界線や近隣の町への公共交通機関の延伸を含む問題について、議論がなされている。多くの政治的問題によって、大きな都市―農村格差が露呈し続けている。他の生物種に対す

行方不明の鶏の貼り紙、2012年11月、SEポートラン

86 ポートランド地図帖

る私たちの義務は何か、といった、より広い範囲での倫理的配慮をめぐる問いもある。都市において、あるいは、自然界と密に接しながら生活するための最良の方法は何だろうか？ 我々は両方を得ることができるのだろうか？ コヨーテの目撃は増えているようだ。鶏をもっと注意して見張っておくように。

ノースイースト・ポートランドのアラメダ地区には、都会のコヨーテにとって魅力的な多くの特徴がある。そこは落ち着いた並木道と美しく古い家が並ぶ、壮麗な地域である。アラメダ・リッジからはポートランドとウェストヒルズの素晴らしい景色が見られる。アラメダは誇り高い地域として知られたコミュニティだ。2つの素敵な公園、そして小中学校がすべて徒歩圏内にある。上品な街並みや美しい住宅に加えて、アラメダではクールで型破りな最先端のビジネスも売りだ。それがポートランドでの暮らしを実に楽しいものにしている。コーヒーショップ、ブルワリー直営パブ、素敵な住宅街や散歩にちょうどいい商業エリアもすべて近くにある。アラメダにはトライメット・バスが通っており、MAXライトレールの線路は、若い都会のコヨーテの気楽なジョギングコースになっている。

この地図に示されているコヨーテの目撃情報は、ポートランド州立大学の都会のコヨーテ追跡プロジェクトと連携し、2010年にアラメダ小学校の2年生が約2週間かけて収集したものだ。

ポートランドの都会のコヨーテ、
2014年10月、
NEポートランドにて

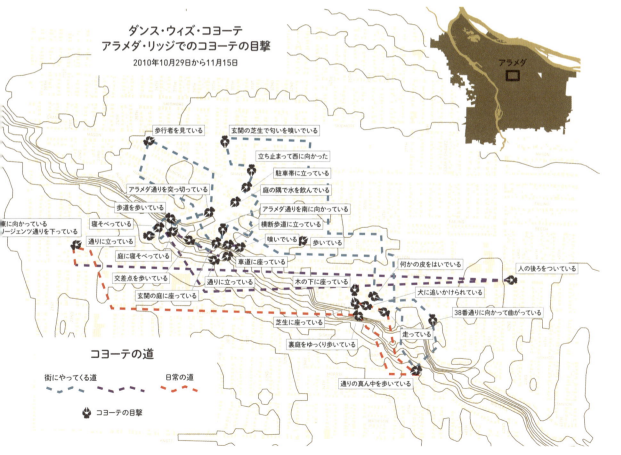

ミツバチの苦境

ミツバチは、人々が食料とする果物や野菜作物の多くを受粉させている。2006年以来、全国の商業養蜂家と家庭養蜂家のどちらにおいても、蜂群崩壊症候群と呼ばれる不思議な現象によるミツバチのコロニー崩壊が目撃されている。大人のミツバチが巣箱に戻ってこなくなり、女王と幼虫の世話をする若いミツバチが、栄養のないまま一晩の発熱で死んでしまうのだ。

ポートランドのミツバチ喪失数を全国と比較したとき、地元の愛蜂家は、語りたくなるような都市ならではの物語があることに気付いた。ここに示した地図の地理的データは、無事に越冬できた巣箱の数が現場の大きな話題となっていたことを受けて、2014年ポートランド都市養蜂家の年次調査の一環として収集されたものだ。また、ミツバチの採餌域（市のほぼ全域）を示す平均飛行半径の地図もあわせて並べてある。

このデータが示すのは、ミツバチが好む外来植物の養分が豊富な都市近郊の安息の地、というかつてのイメージは、もう幻想かもしれないということである。だが、それはなぜだろうか。ポートランドの長く湿った冬を生きのびる都市蜂の割合を減少させ続けているのは何だろうか。

養蜂コミュニティのメンバーは様々な仮説について議論している。解釈としては、農薬の使用、養蜂の実施、季節を通じた豊富な餌の欠如、などがある。都市農家の家畜の選択肢として、蜂が鶏に取って替わってきたことにも起因するだろうか？ もしそうであれば、この喪失は単に新しい養蜂家の学習曲線を意味するのだろうか？ 調査対象のうち、10人中4人の養蜂家のみが3年以上蜂を飼育し、10年以上の経験をもっていたのは10人中1人に満たなかった。それとも、新米の養蜂家は大きな問題を都合よく隠蔽するための犠牲者なのだろうか？

養蜂家が巣箱を調べている

養蜂家によって世話がされていない蜂の巣

調査参加者の養蜂経験の年数から、未熟さによって明らかな知識不足があるようにも見える。蜂のコロニーをコツコツと開き、入念に調べ、可能ならば救おうとする新しい養蜂家の努力を、経験豊かなメンターの支援や助言と組み合わせることには、間違いなく多くの利点がある。これが新しいトレンドであるとしても、その人気が衰えた後でも、蜂の回復力が持ち堪えることを期待したい。

このデータによれば、都市の裏庭のような場所では冬の生存がより困難であるとわかる。2013年から2014年にかけて全米の養蜂家は23%の巣箱を失ったが、オレゴン州全体の養蜂家では48%であった。この同じ期間、ポートランドの家庭養蜂家は68%の損失を経験する。地図が示す通り、ポートランドは平方マイル当たり最大4〜7箱で秋を迎えたが、翌春には最大でもわずか2〜3箱になってしまったのだ。

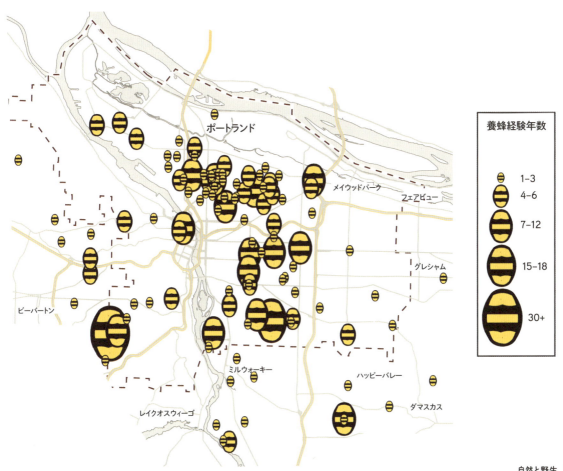

オークス・ボトム
都市の野生生物を保護する方法

SUGGESTED PLAN
FOR THE DEVELOPMENT OF THE
SELLWOOD-OAKS AQUA PARK
& TRANSPORTATION MUSEUM

フォレスト・パークはポートランド最大の公園としてかなり注目されているが、街で最初の公式の都市野生動物保護区になったのはオークス・ボトムである。そこに至るまでの経緯が物語るのは、一見不可避と思われた都市計画を地元の人々の直接行動によって覆せることもある、ということだ。時間をかければ、地域住民のネットワークによって街中の場所をリメイクできるのである。

19世紀の終わりには、オークス・ボトムは、郊外の鉄道線をひくための盛土によってウィラメット川から切り離されていた。ポートランド市は1950年代後半に、オークス・ボトムの大部分をオークス・パイオニア公園と名付けて取得した。1960年代初めには、南のエリアは埋立地になった。その後、公園委員はその場所を駐車場にするよう陳情したが、それがセルウッド・モアランド改善協議会（SMILE）などを含む保護団体連合の形成のきっかけとなり、間もなくその場所は野生動物の保護区として認識され、地域住民の興味をひくこととなった。

1963年、自然管理委員会は、そのエリアをワパト・マーシュと呼ぶべきだとする考えを示したが、その提案はあっさりと却下された。市は開発計画に着手する資金がなかったが、新しい公園委員は、博物

オークス・ボトムの上のポートランド記念墓地の壁画

オークス・ボトム地区の現在の範囲——左ページにある地図のラグーンの下にある計画道路は現在小道になっており、上図に赤い点線で示されている

館やモトクロスコース、隣接するセルウッド地区から人々をオークス・ボトムに運ぶゴンドラさえも構想した。それらの計画に対する世間の反発は強く、オークス・ボトムは、都市の中心部に野生生物とその生息地を保持することに対する市の責任、という、より大きな課題を特徴づける論争の場となった。

オークス・ボトムは、1970年代半ばまで、湿地から建設可能な陸地への転換がうまく進行していた。スタジアム高速道路（I-405）工事の廃棄物が湿地の北側に埋められ、ノース・フィル（北の埋立地）として知られる場所になり、より最近の修復努力の後にノース・メドー（北の牧草地）となった。コミュニティ団体による主張を主な理由として、公園委員会は開発計画を中止した。

1960年代に生まれた信条「いかなる手段を用いても」は、オークス・ボトムを野生動物保護区として認めようとしない市を前にしたいくつかのゲリラ行為に影響を与えた。その精神のもと、現在都市緑地協会のディレクターであるマイク・フックとジンボ・ベックマンは、1985年、強硬手段を取ることにした。フックは、見落としようがないほど大きな黒い文字で「野生動物保護区」と印字された大きな黄色い看板を、オレゴン州魚類・野生生物部が所有していることを知っていた。彼は40枚の看板を手に入れ、魚類・野生生物部だと認識できる標示をすべて削除した。その識別情報を手作りのステンシルによる「シティパーク」へと置き換え、それを看板の下にスプレー塗装した。

フックとベックマンは次に、高いはしご、釘とハンマー、そしてボトル5分の1ほどのジムビームを使い、40枚すべての看板をオークス・ボトム外周の、誰にも撤去できないほど高い位置に掲示した。数週間のうちに、オレゴニアン紙は、オークス・ボトムに関する記事のネタとして野生動物保護区に言及し始めた。一般市民がオークス・ボトムを野生動物保護区と呼ぶのは時間の問題だった。

1988年5月までには、開発指向の未来像から保全・復元モードへと完全に気運が変わり、管理プランが採択され、復元作業が始まった。次に、堰を設置することによって、蚊の防除のための水位管理、植生管理を行い、また、渡り鳥や水鳥の生息地を提供することが計画された。

1991年、マーク・ベネットは、ポートランド記念墓地に高さ70フィート［約21m］、幅50フィート［約15m］の巨大な青いサギの壁画を描いた。2009年にベネットと彼の息子シェーンは、他の人々と協力して、墓地の西と南に面した8つの壁を覆うように壁画を拡大した。5万5千平方フィート［約5,110㎡］となった今では、北アメリカの建物に描かれた手描きの壁画としては最大のものである。

1990年代半ばから2000年代初めにかけて予算が大幅に増加したことで、1980年代半ばから後半にはすべてボランティアかつコミュニティ主導の取り組みだった事務局が、より効率的で専門的な経営チームへと変わり、そこが保護区の将来的な復元作業のための戦略を策定することになった。

2004年、一体的な自然地域プログラムのもとに、市の自然地域と林業プログラム、環境教育の管理を統合するために市の自然部門が創設された。その結果、市の自然地域のポートフォリオ（市の公園用地の75％以上を占めた）の重要性はレクリエーション施設と同等の地位にまで高まった。

並外れたサイズのげっ歯類
ヌートリア

ヌートリア（学名Myocastor coypus）は南アメリカ原産で、巨大な半水生の草食げっ歯類である。ビーバーより小さく、マスクラットよりも大きいヌートリアは、湖畔や川岸、湿地の巣穴に住んでいる。起業家たちが毛皮製造のための飼育用としてオレゴンにヌートリアを輸入したが、期待された生産は実現しなかった。逃げ出したり解放されたりしたヌートリアは、野生の個体群を樹立し、今日も繁栄し続けている。

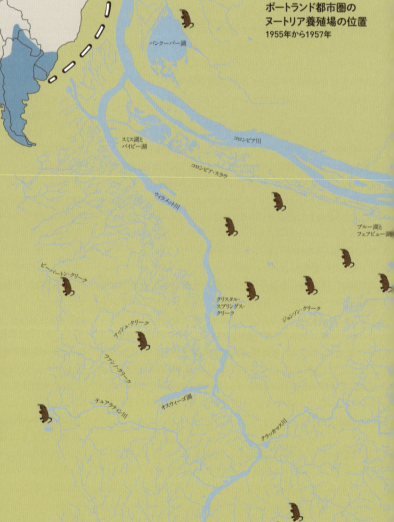

ポートランド都市圏の
ヌートリア養殖場の位置
1955年から1957年

1931年8月10日、ウルグアイからの蒸気船でポートランドに10組のヌートリアが到着した。ヌートリアは、州最大の毛皮会社の一つであるラ・パイン・ファー・トレーダーズによって輸入され、オレゴン州の海岸沿いにあるクース・ベイ近くの会社施設に持ち込まれた。1943年に、オレゴニアン紙は多くのヌートリアが逃げ出し、ウィラメット川に進入したと報告している。1950年までには、野生の群れがオレゴンの西部で確立されたようだ。多く野生しているにもかかわらず、1950年代半ば、突然、ヌートリアの繁殖と畜産がポートランド都市圏でブームとなった。1954年の販促展示会の後には、約50人のオレゴン州の毛皮農家が繁殖動物を購入したと報告されている。人気絶頂時には、1ペアの価格が1,000ドルにまで達した。都市圏全体への拡大には、南東ポートランドの農場、ピュアブレッド・レジスタード・ヌートリア・オブ・アメリカが大きく関わっており、その農場は1955年に毎日「純血種の」ヌートリアのペアを販売するため告知欄に広告を掲載していた。ヌートリアの毛皮は40ドルで売れると広告では謳われていたが、同時期のオレゴニアン紙には、毛皮1枚あたり約7ドルという記事があった。

野生化したヌートリア

多くの毛皮起業家は、繁殖用ストックを買ってくれるバイヤーを見つけられず、ヌートリアを地元の水路に放した。その結果、研究によると、オレゴン州の淡水湿地は、ヌートリアの密度が現在世界最高レベルにある。ヌートリアは土地の植物や農作物を食べ、川岸や牧草地に穴を開けて侵食被害を引き起こす。彼らは、寄生虫や病気も媒介する。これまでのところ、太平洋岸北西部においてヌートリアの管理計画はない。

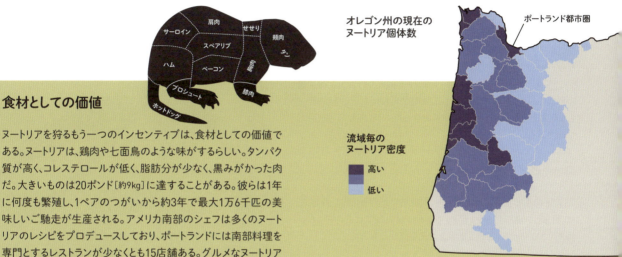

オレゴン州の現在のヌートリア個体数

ポートランド都市圏

流域毎のヌートリア密度
- 高い
- 低い

食材としての価値

ヌートリアを狩るもう一つのインセンティブは、食材としての価値である。ヌートリアは、鶏肉や七面鳥のような味がするらしい。タンパク質が高く、コレステロールが低く、脂肪分が少なく、黒みがかった肉だ。大きいものは20ポンド［約9kg］に達することがある。彼らは1年に何度も繁殖し、1ペアのつがいから約3年で最大1万6千匹の美味しいご馳走が生産される。アメリカ南部のシェフは多くのヌートリアのレシピをプロデュースしており、ポートランドには南部料理を専門とするレストランが少なくとも15店舗ある。グルメなヌートリア料理は、ポートランドのローカルでサステイナブルな食事の次のステップにふさわしいのだろう。

ヌートリア
オレゴン州の敵、厄介者

- 硬い茶色の毛
- 白い髭、鼻と口周り
- 大きくて、黄色、オレンジもしくは赤色の前歯
- 水かきのある5本指の後ろ足
- 丸みのあるネズミのような尾、最長で16インチ

侵略的と悪者扱いされている
（もともとは人間のせいなのに）
ヌートリアは、禁止種に指定されている。

体長（尾も含めて）：2～2.5フィート
体重：最大で20ポンド
狩猟シーズン：通年

ビーバー
オレゴン州公認の動物

- 茶色の鼻と口周り
- 太くて、濃い茶色の毛
- 大きくて、黄色、オレンジもしくは赤色の前歯
- 水かきのある5本指の後ろ足
- 大きくて、横に平べったい尾

地域の生態システムに欠かせないと言われており（一時期、絶滅にまで追い込まれるほど狩られたものの）、ビーバーを保護する取り組みがいくつかある。

体長（尾も含めて）：3～4フィート
体重：最大で70ポンド、もしくはそれ以上
狩猟シーズン：11/15～翌年3/15に指定区域で

自然と野生

ヘテロトピア：コロンビア・スラウ

ポートランドの北端に沿って位置し、19マイル［約31km］に渡る汽水性をもつ淡水路と湿地の集合体は、コロンビア・スラウと呼ばれている。ここは、ポートランドのアイデンティティを特徴づけようとする絶え間ない努力の中で、極めて重要な部分を占めてきた。

20世紀に入る頃には、計画者らはコロンビア・スラウを、公園の広大なネットワークを発展させるのに不可欠な要素と見ていた。そのビジョンは、後の開発が引き起こす悲惨な現実とは異なっていた。コロンビア・スラウでの工業の発展は都市に経済成長をもたらしたが、それには法外な環境的および社会的コストが伴った。コロンビア・スラウは今日もなお、ポートランドそのもののように、緑に覆われたユートピア（理想郷）でも工業的なディストピア（暗黒郷）でもなく、むしろその二つが密接に絡み合ったヘテロトピア（混在郷）なのである。

ユートピア

16世紀の人文主義の哲学者、トーマス・モアが作った「ユートピア」は、好ましい場所（ユー・トピア）であると同時にどこにも存在しない場所（オウ・トピア）である想像上の島を描いたものだ。

ジョン・C・オルムステッドによって書かれた、1903年のポートランド市公園委員会の報告書は、この地域の重要性と明るい未来を知らしめた。「この都市に残っている素晴らしい特徴的な景観はコロンビア・スラウであり、それは市北部の東側を縁取っている…。したがって、他の場所よりもはるかに大きな牧草地の公園が、市によって徐々に拓かれることが期待される…。小さくても巨大でも、偉大な都市の美に貢献するものはたくさんあるが、疑いなく最も素晴らしいものは、公園とパークウェイ（公園道路）の包括的なシステムである。」

オルムステッドの報告書は、この都市が有する、最も永続性のあるユートピア的ビジョンを成文化したものだ。この計画は、パーク・ブロックス、マウント・テイバー、フォレスト・パークなどの現代の公園や、ポートランドの環境に優しいイメージの発信源になるようなその他多くの公園の建設を見込んでいた。最後の、そして今日まで実現していない提案は、コロンビア・スラウ公園の設立だった。

今日、インターワイン・アライアンスがオルムステッド計画のエッセンスを具体化している。地域の複数団体の連合は「ポートランド―バンクーバー大都市地域における世界有数の公園、遊歩道、自然地域のシステムに対するビジョンを守る」ことを目的とし、アライアンスはユートピアの理想を築き続けている。

ディストピア

空想のコインの裏側である「ディストピア」は、反ユートピア社会、あるいは理想化されたユートピアの致命的な欠陥を表している。1948年のヴァンポート洪水に続いて起こった「ニグロ問題」でのポートランド住宅局の苦悩から、市の下水道システムの延長としての湿地の使用に至るまで、コロンビア通りとコロンビア川の間に横たわる景観は、ポートランドの進歩的で環境に配慮したイメージをディストピア的に映し出している。

エレン・ストゥロード氏は、『エコトピアの混沌状態：オレゴン州ポートランドの環境的人種差別』と題した彼女の研究において、コロンビア・スラウで同じ場所・時期に発生した環境汚染と人種差別の歴史を説明している。「つい1970年まで、パシフィック・ミート社は毎日15万ガロン［約56万ℓ］の血液や動物の肉片をそのままコロンビ

ア・スラウに廃棄していた。信じられないことだが、オレゴン州環境品質局は、その会社の行為に許可を与えていたのだ。」

オレゴン州環境品質局およびポートランド市環境業務局などの委託を受けた研究は、長年にわたり、湿地堆積物およびそこで捕獲された魚への有毒物質の蓄積を、今日に至るまで詳細に記述している。

ヘテロトピア

哲学者のミシェル・フーコーによると、「ヘテロトピア」(異他なる場所)は、社会の秩序の外にある空間であるが、それにもかかわらず、既存の社会空間をすべて反映している。ヘテロトピアは周囲の空間を映し、ユートピアとディストピアの関係を並列させ、空間と場所に基礎を与える乱雑な現実を露呈させる。

結局のところ、一つの哲学的な名前に還元できる場所はない。すべての場所が絶え間なく変化するのだ。つまり、コロンビア・スラウは人間社会のユートピアの夢とディストピアの悪夢から生まれた空間で、そこでは「自然」の復元と保存の努力が、我々の存在の大部分を支える産業と経済の原動力と衝突する。ここはまた、多くの人々や動物の日常生活において重要な場所でもある。この場所には降雨と重力があり、藻類と土壌があり、陸軍工兵隊とポンプ場、アスファルトがあり、またカメ、ヘビ、アライグマがいる。

スラウに面する様々な空間は、ポートランドの優先順位の変遷を映し出す。かつて採石場と工業用埋立地であったカリー公園のような場所は、工業に支配された風景から遠ざかり、多民族で地域主導の変貌を象徴するものになっている。

スラウはポートランドを異所的に映し出すが、それはただの湿地でもあり、決して私たちの予想通りにはならない、絶え間なく変化するヘテロトピアなのである。そして明日はまた何か違うものになるのだろう。

ユートピア　　　　　　　　　　ディストピア　　　　　　　　　　ヘテロトピア

自然と野生　95

IV. 都市の見方

都市や場所というものを、その中で体験するには、感覚（センス）が鍵になる。多くの人が最も頼りにしている感覚は、視覚である。しかし都市を通り抜けるとき、私たちは印象や感情を呼び起こすすべての感覚を無意識のうちに使っている。音、匂い、味、感触などは、人々がその場所とどうつながるのかに大きな役割を果たす。場所を思い起こすという行為も同様に、それらの感覚に根ざしている。たとえば、燃えている木、綿菓子、刈ったばかりの芝といった匂いは、ある特定の時間・場所にいる、という実感を瞬時に呼び覚ますことがある。地理学には心理地理学と呼ばれる分野があり、場所というものがどう感じられるのかを研究している。それは、私たちがいつも経験しているものの、めったに話すことのないものだ。

場所をどう体験するのかがほとんど話題にならない理由の一つは、知覚経験というものが、記述されたり定量化されたりしにくいからである。経験は感情や印象、意見などを多く含んでいて、表現することが難しく、したがって地図では扱いにくい。さらに、人は皆それぞれに街を感じ取るので、とある公園や街路、地区についてある一人の心に響いたものが、他の人にもそうさせるとは限らない。場所の見方における違いは、場所がどのように見え、どのように使われ、そして誰の役に立つべきなのかといった点で、対立を生み出すことにもなる。

多くの人は都市のごく一部とだけ関わりをもつ。自宅や職場、娯楽の場は重なっているかもしれないし、いないかもしれないが、ほとんどの人は都市全体を知っているわけではない。にもかかわらず、自分自身の経験で都市全体を定義することは簡単だ。時には、通り過ぎてしまうような場所を詳しく調べることで、都市が場所によってどう違うのかが明らかになる。人々が場所とどう結び付いているのかをもっと理解できれば、多くの異なる人たちの要求や願望に応えた場所を作る、より大きなチャンスも手に入る。そのような目的で、本章は、都市がどのように見え、どう機能するのかを探る苦闘の中で、あまり描かれない、または、あまり聞こえてこない観点から都市を探っていく。

想像上の人口密度

ポートランドの高密度な開発はよく話題になる。都市成長境界線とメトロ政府の開発目標がそれを後押しし、学術研究はそれを称賛している。しかし、世界の大部分あるいはアメリカを基準としてみても、ポートランドはそれほど密度の高い都市ではない。もちろん、市の中でも人口密度は異なる。ポートランドで最も密度が高いところはニューヨークとほぼ等しく、最も低いところはソルトレイクシティに近い。けれども、ポートランドのどの場所をみても、世界一密度の高い都市であるダッカ（バングラデシュ）の115,200人／平方マイル〔約44,479人／km²〕には達しない。この地図は、ポートランド市とその郊外における実際の人口密度を示している。

ポートランド市の人口：609,456人
ポートランド市の面積：133.43平方マイル〔約345.58km²〕
ポートランド市の人口密度：4,375人／平方マイル〔約1,689人／km²〕

ポートランド都市圏の人口：2,314,554人
ポートランド都市圏の面積：467.38平方マイル〔約1,210.51km²〕
ポートランド都市圏の人口密度：4,956人／平方マイル〔約1,914人／km²〕

オレゴン州の人口：3,930,065人
オレゴン州の面積：95,988平方マイル〔約248,608km²〕
オレゴン州の人口密度：40人／平方マイル〔約15人／km²〕

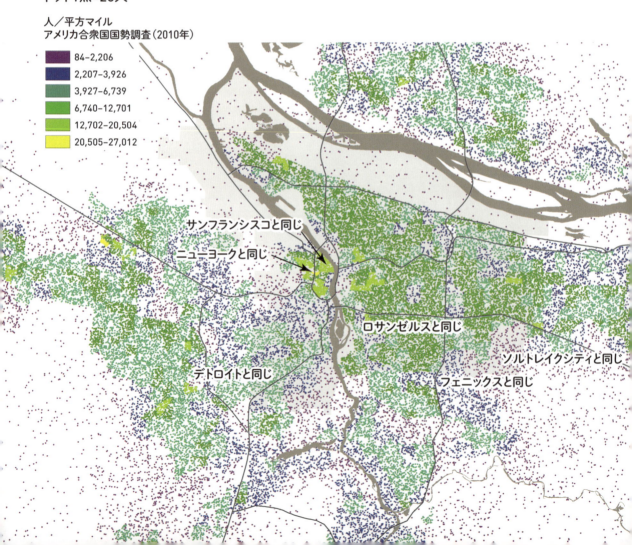

ポートランドの人口密度
ドット1点＝20人

人／平方マイル
アメリカ合衆国国勢調査（2010年）

- 84–2,206
- 2,207–3,926
- 3,927–6,739
- 6,740–12,701
- 12,702–20,504
- 20,505–27,012

ダッカ（バングラデシュ）

もしポートランドの人口密度が、世界一高密度な都市であるダッカ（バングラデシュ）と同じくらいだったら、今この街に住む全住民が市中心部とノース・ポートランドの中心側、そしてインナー・ウェストサイドの、およそ5平方マイルの範囲内で暮らせたかもしれない。

ムンバイ（インド）

ムンバイ（インド）の人口密度になると、サウスイースト・ポートランド内の一部にまで居住地を拡げざるをえなくなるだろう。全体で7平方マイル、言い換えるとポートランドの実際の面積の約5%にあたる。

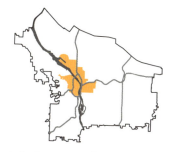

ボゴタ（コロンビア）

アメリカ大陸で最も高密度な都市はコロンビアのボゴタだ。56,300人／平方マイルというボゴタの推定人口密度の場合、ノース・ポートランドのオーバールック地区を加えれば全員住むことができる。

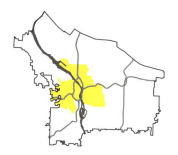

ニューヨーク（ニューヨーク州）

アメリカで最も人口密度の高い都市はニューヨークで、27,000人／平方マイルに達する。もし同じ人口密度だったとすると、ポートランド市中心周辺の21平方マイル内で暮らすことになるだろう。

サンフランシスコ（カリフォルニア州）

サンフランシスコは西海岸で最も人口密度の高い都市だ。もしポートランドが中心部とその周辺地区のみで構成されていたら、17,000人／平方マイルの人口密度で全住民が暮らせるかもしれない。

ロサンゼルス（カリフォルニア州）

ロサンゼルスはスプロールで有名だが、ポートランドよりもかなり高い密度で人が居住している。ポートランドの実面積の54%で、LAと同じくらいの密度になるだろう。

デトロイト（ミシガン州）

デトロイトは、空き地や空き家、寂れた都心部で話題になった。ところがその人口密度はポートランドよりもわずかに高く、5,144人／平方マイルだ。

フェニックス（アリゾナ州）

ミシシッピの西側にあるほとんどの都市の人口密度は高くない。フェニックスの2,798人／平方マイルという低い人口密度に近づくには、ポートランド住民の一部がグレシャム、ミルウォーキー、ビーバートンに引っ越さなければいけなくなるだろう。

ソルトレイクシティ（ユタ州）

アメリカで最も人口密度の低い都市の一つが、ソルトレイクシティだ。1,678人／平方マイルというソルトレイクシティの密度と並ぶには、ポートランド市の今の人口が都市圏の大半に、バンクーバーを含めて拡がらなければならないだろう。

都市の見方 99

多様性の島々

ポートランド大都市地域の人口のおよそ76%は白人であり（1990年には90%が白人だったが低下）、アメリカで最も同質的な都市の一つとなっている。2010年国勢調査によると、上位25の大都市地域の中ではピッツバーグとミネアポリス（この順序で）のみが、より白人の多い都市だった。国内50大都市の中では、6番目に白人が多い都市に位置付けられる。この地図に示された範囲は、大都市地域というよりも都市成長境界線の内側であり、およそ72%が白人である。

予想どおりの場所ではないが、人種の多様性は存在する。人種の混合度が高いコミュニティは「島々」を形成しており、ポートランドの周辺域および東側と西側の郊外に位置する。多様性が低い「海」の深い部分はだいたい、中心都市の都心およびウィラメット川沿いの富裕層が住む郊外に位置している。これは、東部の大都市でみられる人種の多様性のパターンとは逆である。

この15年間に、ポートランド中心部のほとんどの地区で白人居住者の割合が増加した。ノース・ポートランドやノースイースト・ポートランドにある多くのアフリカ系アメリカ人の地区は高級化し、白人居住者の数が劇的に増加した。

国勢調査のブロック・グループ［地域単位の一つ］ごとにみると、アフリカ系アメリカ人の割合が最も高いのはハンボルトで38%、ヒスパニック系アメリカ人の割合が最も高いのはカリーで41%、そしてアジア系アメリカ人の割合が最も高いのはパウエルハースト・ギルバートで28%である。

白人人口が90%以上である22のブロック・グループのうち、3つがアラメダ・リッジ、3つがセルウッド、2つがイーストモアランド、1つがローレルハーストにあり、残りの13はウェストヒルズにある。市内では、ウィラメット川西側の83%が白人である。82番通りの東側では、62%が白人である。

ヒルズボロ高地

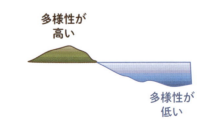

多様性が高い

多様性が低い

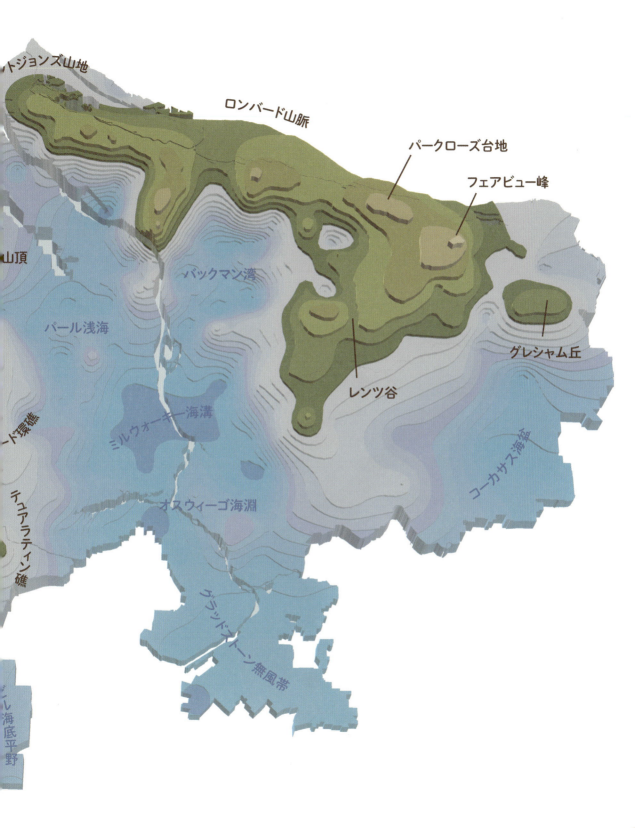

心理地理学

心理地理学。アルフレッド・ヒッチコック映画に仕込まれたひねりのような響きだが、地理学と心理学から導かれた現に認められている研究分野である。このアプローチは、主に都市地域を対象に、人間の感覚や感情がどのように場所や環境と関連するのかに焦点を当てる。1955年、ギー・ドゥボールはそれを「意図的に作られたにせよそうでないにせよ、地理的環境が、個人の感情や行動に対してもつ特有の効果と正確な法則についての研究」と定義した。難解で謎に満ちた心理地理学は、あなたの感覚を刺激し、人々が普段通る道から外れた場所へとあなたを引き込むように意図されている。

1950年代のパリにおける知識人や芸術家たちの組織であるシチュアシオニスト（状況主義者）は、都市には心理-空間的な起伏があり、それが人々の行動を一定方向に駆り立て、他の行動を抑制すると考えた。心理地理学の研究は、もうそこには無い事物の匂いや音、印象、そして認識のような、都市の細部により強い注意を向けさせる。思いがけず独特の体験をするために都市を歩くということは、この分野の本質だ――実際にこのことはデリーヴ（漂流）と呼ばれる。デリーヴでは、異なる場所がどのように惹き合ったり、反発したりするのかを感じながら、場所をあてもなくぶらぶら歩く。以下数ページに登場する地図はこの流れで作られた――目的のある散策によって。

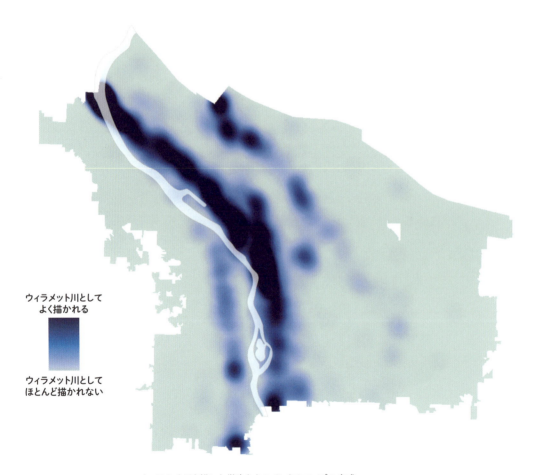

ウィラメット川を描いた学生たちのメンタルマップの合成

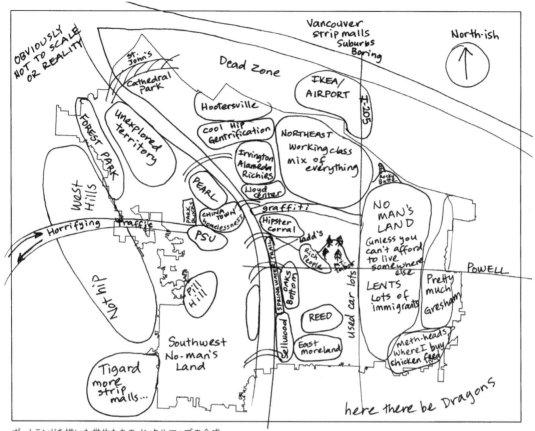

ポートランドを描いた学生たちのメンタルマップの合成

メンタルマップとは何か？

メンタルマップ（認知地図と呼ばれることもある）は、個人が場所および場所間の結び付きを、どのように見て理解しているのかを表現するものである。それは人々の地理的想像力を目に見える形にしたものだ。メンタルマップは、人が大事だと考えている場所、都市を動き回るのによく使う道、避けている場所、そして様々な地域に対する態度を明らかにするだろう。そこに何が欠けているのかということが、何が描かれているのかと同じくらい多くを物語ることもある。メンタルマップと心理地理学はいずれも、個人の経験や認知、知覚といったものを特別に重視する。

地理学では、メンタルマップ作りは調査の方法や授業の道具として使われることがある。上に示したポートランドのメンタルマップは、ポートランド州立大学の「地図と社会」の授業で学生たちが作成した個々のメンタルマップから、各要素を取り出して集めた合成地図である。左の地図は、「地図と社会」の学生たちがメンタルマップ内でウィラメット川をどこに置いたかを合成し、川の実際の位置と比べて描いたものだ。注目すべきは、いくつかの実在しない支流を除くと、集団としてみた学生たちはその川を極めて正確に配置していたことである。市の輪郭だけしか参照地点を与えられなかったことからすると、このことはなおさら印象的だ。

心理地理学とメンタルマップは本書の以後8ページにわたって重要な位置を占める――街角で覚える感情、街の喧騒、匂いによる地域区分、そして小学3年生が描く街、という内容だ。これらそれぞれのトピックが、人々がどのように場所を経験し理解するのかという点において、知覚や感覚の重要な役割を強調する。

街角で覚える感情
市の中心部

ある晴れた春の土曜日。ポートランド・コミュニティカレッジの学生3名は、心理地理学の演習として、一日の3つの異なる時間帯に分けて自分たちの感情を地図に表した。都市を歩き回るだけで人々が受ける感情面の影響をより豊かに理解するため、この学生たちはデリーヴの一種を実行したのだ。

これは彼ら彼女らの経験を表すメンタルマップであり、感情の旅を空間的に記録したものである。そこには、一日に3回（朝、昼、夜）学生たちが訪れたときに抱いた感情と、それらの平均が合わせて記されている。感情の状態に影響した観察記録は、吹き出しで強調されている。

いくつかの共通したテーマが現れた。ウォーターフロント公園の区間は最も心地よい。川の東側と西側の間にはくっきりとしたコントラストがある——東側はより工業的であるために冷たく孤立したように感じられた。多くの騒音（サイレン、人の叫び声、バス、クラクション、罵声など）や臭い（小便、古いビール、嘔吐物、ゴミなど）はおおむねネガティブなものだった。

時間帯は、感情を左右する大きな要素であった。一日の始まりである朝は落ち着いていた。人とのちょっとした出会いはおおむね快適だった。ウォーターフロント公園でカナダガン［鳥］を追いかける子どもの声に、気分が安らいだ。

昼間は、旅行者も現地の人も同様に、気力に満ちていた。公園はランニングをする人、自転車に乗る人、観光客、そして日光浴をする人たちで埋め尽くされた。苦悩に満ちた路上生活者に対して抱いた心の痛みからだけでなく、歩行者や車両の通行からも、不快な感情が生じた。

夜はストレスと不安に直面した。警察が捜査中の犯罪現場のために、学生たちは西側のある地点で阻まれ、バーンサイド周辺のいくつかの地区では突如として物寂しさが顕在化した。東側では学生たちが、州間道84号線と5号線の高架交差路の下でホームレスの「村」に遭遇し、それが悲しみの感情を引き起こした。

都市の見方 105

街の喧騒

街中にいると、まわりから「ポン」「ガチャン」「ヒュー」「パチパチ」といった音が聞こえてくる。これらの音は融合して均質な騒音になるため、簡単に無視できる。この地図で私たちは、混ざり合った騒音を分解しようと、耳を澄まして街を散歩した──都市の音を再び聞くために。

サウンドウォークは、いつもとは違ったやり方で街を体験する方法だ。場所を観察し評価する際、私たちは往々にして視覚を初期設定にしている。多くの人はイヤホンやヘッドホンを付けて街の中を歩く。それは生活に個人的なサウンドトラックを与えてくれるものの、私たちをより豊かな場所の知覚経験から切り離してしまう。

iPodや携帯電話から離れてみると、音が聞こえる世界に遭遇する。一度そこに注意を向け始めると、もう無視することは難しくなる。目を閉じて視界を遮ることはできても、(イヤホンを使わずに)耳を塞いで音をシャットアウトすることは、ほぼ不可能だ。

この地図は、賑やかなウェスト・バーンサイドから(比較的)静かなワシントン・パークまでを取り上げた、オレゴン州ポートランドのサウンドバイト──冬の夕暮れに聴こえる音のスナップショットである。

車がビュンと通り過ぎる。

半車!?

降ったばかりの雨が溝を流れる。

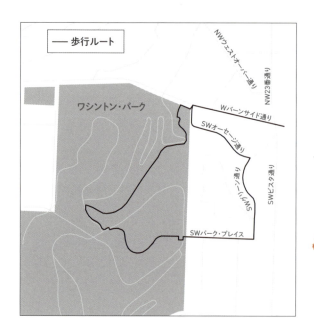

断続的にキーキー、カンカンという音がして、両方向に車がビュンビュン通りすぎる。

バーンサイド

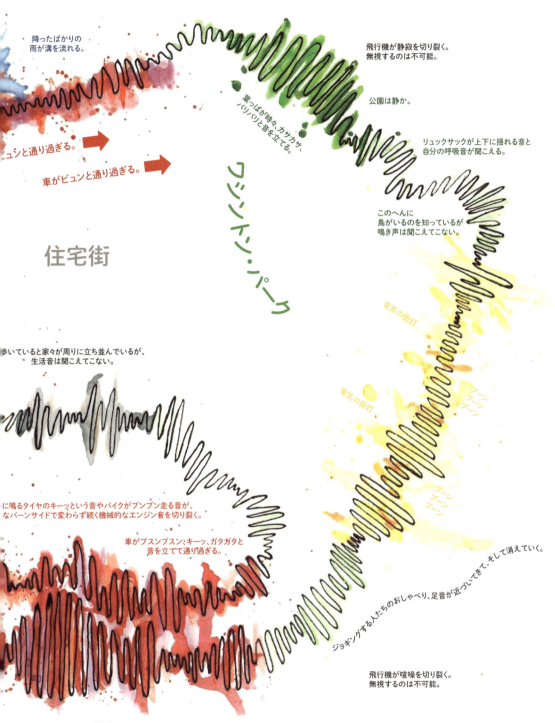

匂いで地域を分ける

ロンドンのコックニー［下町訛りの言葉を話すロンドンっ子］たちのもともとの定義は、セント・メアリ・ル・ボウ教会の鐘の音が聞こえる範囲で生まれたすべての人、というものだった。もしポートランドの地域を、暮らしている所での知覚的な経験、つまり聞いたり匂いを嗅いだりできるようなものによって定義したらどうなるだろうか。強い匂いの大半は、コーヒーロースター、ビール醸造所、パン屋、あるいは（あまり快適ではないが）重化学工業や屋根のタール塗りのような、特定の種類の嗅覚を刺激する店や工場から生じている。ここでは、観測および環境品質局への苦情から集められた匂いをもとに、地域区分が作成された。

このローカルな匂いを嗅ぐことは、必ずしも地区内のあらゆる場所で、あるいはいつでもできるというわけではない。また、人々は匂いを様々に受け止める。境界線が意味するのは、どの香りが普段は優勢なのかということだ。ある場所を歩き回って長く過ごすほど、その地区の匂いに順応し、図に示した匂いの地区は小さくなる。

小学3年生が描く街

この地図は、ノースイースト・ポートランドにあるジェイソン・リー K-8 学校［日本でいう小学生〜中学2年生までが含まれる8年制学校］の3年生57人が、それぞれに手描きしたポートランドのメンタルマップを編集したものだ。このプロジェクトの最初に、児童たちはポートランドの様々な地図を眺め、そのあとで自分たちのメンタルマップにとって大切だと感じる場所についてブレインストーミングを行った。少なくとも5つの興味ある地点を含めるように指示したが、街に対する自分自身の認知を反映しているものであれば、それがどんな場所や道路、細部であっても自由に含めてよいものとした。ほとんど直感で、児童はそれぞれに油性マーカーと水彩色鉛筆を使ってイラスト入りの地図を作成した。

著者たちはよく大人にも同じような課題を与えてみるのだが、多くのポートランド地元民は場所を誤って伝えることを恐れ、固まってしまい、地図上に何も描けないということがしばしばある。子どもたちだけが、ポートランドの地図を率先して描こうとし、誤った地図を作ることを恐れなかった。

この地図は、すべての児童の地図から描き直した部分を含んでいる。それぞれのイラストは、児童がもともと地図上に描いた場所に配置され、児童が用いた元の色彩にできるだけ合わせてある。ただし、児童が描いた多くのものについて、縮尺は変更された。ジェイソン・リーの美術教師であるニコル・ペノンセロが児童たちの作品を描き直した。

ジェイソン・リー K-8 学校は、82番通りのすぐ東側にある、マディソン・サウス地区に位置している。ポートランド公立学校区の一部であり、400人以上の児童・生徒を抱えている。

都市の見方 111

ドーナツの穴の外側をめぐる物語

ポートランドでは、いくつかの地区がすべての注目を集めているようである。西側ではパール地区やダウンタウン、そしてノースウエスト23番通りがそうだ。東側では、サウスイーストやノースイースト・ポートランドの都心部に近い地区に多く、ノース・ポートランドにもいくつかある。それらの地区を何と呼ぶのかさえ常に変化しているようだ。市によって線引きされた伝統的な地区はいまだ多く使われている——バックマン、セルウッド、テイバーのように。しかし、そのような伝統的な表示はますます無視されつつあるようで、主要な商業上の幹線によって地区を呼ぶことがより好まれている——ミシシッピ、アルバータ、バーンサイド、ベルモント、ホーソン、ディビジョンがそれだ。

どう呼ばれていようと、ウィラメット川の両側にあるこれらのやや中心的な地区が、全体としてこの都市に対する多くの一般的イメージを支配しているように思える。しかしポートランドに住む多くの人にとって、このいわゆる街のコア部分は、日常生活にほとんど関わりがない。市中心部やローレルハーストの視点でみると周縁部に見えるかもしれない市内各所は、多くの人々にとってはまさに生活の中心なのである。このセクションでは、都市の真ん中を照らすようなスポットライトからはたいてい外れている、いくつかの地区を特集する。

このドーナツについて

本書の主な地図製作者の一人は、有名な**ブードゥー・ドーナツ**に友人がいる。彼女が地図帖を製作中だと伝えると、その友人たちはこのポートランド型のドーナツを作ってくれた。これは、通常のドーナツを1ダース[12個]作るのに十分なパン生地とピンクの砂糖シロップからできている。この写真が撮られたあと、ドーナツはホーソンにある**ラッキーラブラドール・ブルーパブ**で食べられた(通常、食べ物の持ち込みは好まれないが)。

ドーナツは、本セクションで私たちが取り上げるトピックにぴったりのメタファーである。ドーナツに関しては、すべての物質が中心周辺の輪っか部分にある。中心部分は、実際には何もなく、空っぽだ。

カリー

カリーは常にポートランドの地理的な縁辺部にあり、かつ街の意識の端に存在してきた。カリー北部の工業地域と南部の住宅街は、コロンビア通りと鉄道で隔てられ、未整備の道路の山、歩道不足、過剰な犯罪数を抱える地域であると長い間みなされてきた。1985年に市と合併したカリーには、約3平方マイル［約7.8㎢］のなかに1万4千人ほどが暮らしている。地域のあちこちで基礎的なアメニティが不足している。多くの街路は舗装されておらず、街灯も足りていない。歩道があるのは道路の34%だけだ。

しかしカリーは、長らく放置された状態から抜け出そうとしている。今では、その文化的・民族的な多様性とともに、82番通り西側で住居費が依然として手頃な地域として知られている。カリー通りとノースイースト42番通りを対象とした市のネイバーフッド・プロスペリティ・イニシアチブ（NPI）に対しては、慎重な楽観主義がある。カリーに拠点をもつ、ネイティブアメリカン（NAYA）やラテン系（Hacienda CDCおよびVerde）のコミュニティ、そしていくつかの草の根の都市農家を代表する手頃な住宅の支援者たちもまた、この地域の将来に強い関心をもつ。カリーのすぐ西側のアルバータ通りは、市が出資する都市再開発の教訓になるとしばしば考えられている。アルバータの犯罪減少と経済再生は明らかであるが、そこにはジェントリフィケーションとそれに関連する緊張関係も付随する。この理由から、Hacienda、NAYA、Verdeのパートナーシップによるリビング・カリー・エコディストリクトは、2013年、地域のための反・立ち退き戦略を作るために、PSUの都市・地域計画プログラムの学生たちと共に活動した。

カリーの都市農家たちは地域の景観を変化させており、もう一つのアイデンティティを推進している。それはカリー・ガーデン・ディストリクトというものだ。カリーの広く手頃な価格の土地が、これを後押ししてきた。カリーの都市農家たちは、ポートランドを広く知らしめたアーバン・ホームステッド［食料を自給する都市農業］の倫理や、ファーム・トゥ・テーブル［農場から食卓へ］という食の運動を称賛する、多くの農園やコミュニティガーデン、地域密着型農業、そしてビジネスを展開してきた。

ここでの疑問はこうだ。カリーを多様で生き生きとしたエリアとして作り上げようとするこれらの草の根的な努力を、NPIは補完していくのだろうか。それとも現在の住民は地域の成功に伴う経済難民としてさらに周縁化され、都市の新たな周辺部へと追いやられてしまうのだろうか？

フォスターパウエル

フォスターパウエル、または「フォポ」は、フォスター通りとパウエル通り、そして82番通りに囲まれており、その始まりは1890年代初頭にさかのぼる。当時カーン・パーク路面電車の分譲地として知られていたこのエリアは、1900年代初めになってから、東へと拡大するポートランド市の一部になった。

フォポはいま、ヒップスターのクールさと大型チェーン店のつまらなさ両方の境界にいるようだ。それらが共同で地区を発展させている…が、どこに向かっているのだろうか？ 今のところその答えは、サウスイースト52番通りとサウスイースト・フォスター通りの交差点における食事の選択に、縮図を見て取ることができる。そこでお腹が空いたら、カーツ・オン・フォスター・ポッドにある13のフードカートか、あるいは交差点の西側にある**サブウェイ**、**リトルシーザーズ**、**バーガーキング**、**タコベル**のどちらかに導かれることになるだろう。

フォスターパウエルは、手入れされた花園よりも伸びすぎた芝生が多く、独創的なハンドメイド作家の個人店よりもパッとしない小規模ショッピング・センターが多いような場所だ。それなのに、いくつかの地区は、流行のサウスイースト・ポートランド中心部から切り出されたかのようである。52番通りと67番通りの間にあるフォスターの商業地区に沿った古い建物のうち、およそ半分はこだわりのレストランやバーへと転換された。しかし残りの半分では、銃販売店や自動車部品店のようなもっと昔からある商売が行われている。そこでは、店の看板文字は日光で色あせ、外壁は調和しない色のペンキで何層にも落書きされている。

この地区の多様性は、建造環境以外にも広がっている。若い家族や大学卒業後の単身者、そして移民コミュニティにとって、比較的手頃なフォスターパウエルの住居費は、サウスイースト・ポートランドの中心部やポートランド都心部への近さと相まって、この場所を魅力的なものにしてきた。この地区で目立って多いエスニシティは、ロシア人、ベトナム人、中国人である。ラテン系をテーマにした経済開発プロジェクトとして大いに期待されるポートランド・メルカード（市場）は、2015年にフォスターで始まる。この地区にはトライメットのバス路線が多く走っており、また、フォスター通りとパウエル通りを下るストリートカーとライトレール両方の路線が提案されている。

ポートランドの多くの地区と同じように、フォポも変わりゆく場所の痕跡を残している。たくさんの古さ、少しの新しさ、そしてその中間も多くある。しかし今はまだ、フードカートとファストフードのどちらにするかを決めかねている、お腹を空かせた傍観者のようだ。

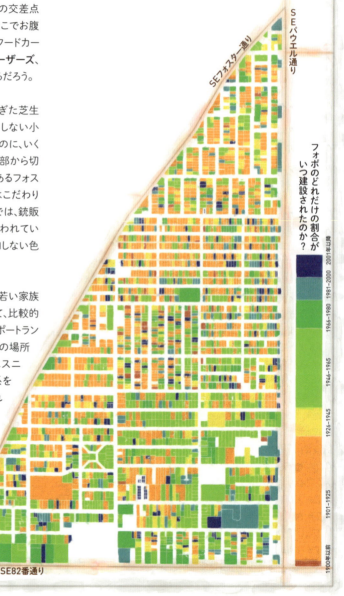

マルトノマ・ビレッジ

マルトノマ・ビレッジは、古風な趣があり、心地よく、家族にやさしく、安全であると一般的に言われる。まるでポートランドの祖父母のよう——ありきたりで歴史のあるところだ。住んでいる人にとっては、この上なく都市の中心に近い。住んでいない人にとっては、ビーバートンとタイガードの間のどこかにある郊外だ。この地区は郊外的な魅力をもっているものの、ポートランドの住所を使うことができる。

この地区には、イライラしたり不安になったりする感じがまったくない。人々がビール瓶や炭酸ジュースの缶、ペットボトルでいっぱいの黄色いリサイクル箱を出しておくと、なんとゴミ収集車が回収していく［黄色の箱は瓶専用なのにもかかわらず］。知らない人が一カ所であまりにも長く滞在すると、複数の住民が警察に不審な行動を通報する。**ラッキー・ラブ**や**ビレッジ・コーヒー**でくつろいでいる人たちを見ると、家族連れやホワイトカラー専門職でいっぱいだ。

ここでも歩道は不足している。住宅街だけでなく、キャピトル通りやガーデン・ホーム通り、マルトノマ通りといった歩行者がよく通る大通りにおいてもだ。このことが徒歩でのアクセスを妨げており、それがなければ絵に描いたように素晴らしい場所で、不満の種になっている。食料品店は都市としての価値ある要素だが、このビレッジ自体には一つもない。2マイル［約3.2km］圏内には、大手スーパーの**セーフウェイ**と**フレッド・マイヤー**、個性的でオーナーが中心の生協、個人経営の地元商店、世界各国の食材が揃うマーケットを含む5店舗がある。いずれにも歩いていくことは難しいかもしれないが、選択肢はたくさんある。

市全域から人々を呼び集める見どころも多い。ビールの品揃えが豊富な**ジョンズ・マーケット**、理想的で個性的でかつ環境にやさしいおもちゃを扱う**シンカー・トイズ**、**アニー・ブルームズ・ブックス**とそこで暮らす猫、天井に傘のコレクションがある**マルコズ・カフェ**、DIYと編み物のファンのための**ノースウェスト・ウールズ**、スケーターや愛犬家、アウトドア派の人たち向けの**ガブリエル・パーク**、1970年代後半まで近所の学校の役目を果たしていた**マルトノマ・アーツ・センター**、そして**サウスウェスト・コミュニティ・センター**とプールである。将来、マルトノマ・ビレッジを含む「外側の」サウスウェスト・ポートランドは、ポートランドで6つ目となる主要セクター、サウス・ポートランドとみなすのに十分な特徴ある地区として、市中心部から切り離されるかもしれない。

パークローズ

パークローズは、そこを羨む人もいれば哀れむ人もいる、というタイプの地区である。立地を例にとってみよう。ここは空港や高速道路、コロンビア川の近くに位置しているため、街から脱出するのは難しくない。さらに、もし使い捨ての家具や巨大なパックのトイレットペーパーが好きなら、**イケア**と**コストコ**がすぐ近くにある。しかしパークローズが位置する場所は、不格好な州間道84号線と205号線のインターチェンジと空港によってポートランドの他地域から隔絶されており、それが都心との十分な結び付きをいくぶん妨げている。ポートランドにいる人みんながIPA（インディア・ペールエール）を飲むヒップスターではないし、あらゆる流行から離れていることに満足な人もいるはずだ。少なくともそれが、この地区の住居費を手頃な価格帯に保っている。

本書の読者にとっては明らかだろうが、矛盾した事実は、まさにここポートランドにある。たとえば、プランナーの集団からパークローズに提案された2007年の再開発勧告をみてみよう。提案の中には、落書きを委託事業により壁画へと描き換えることで、サンディー通りの外観を充実させるというものもあった（パークローズの古い落書きは本当に酷いものだったに違いない）。問題のサンディー通り一帯は、ポートランドでは珍しく、見栄えもせず高級化もしていない、目立たない商業地区である。

パークローズの大部分は、長期にわたって都市再開発のもとに置かれてきたが、開発に対する意欲が失われた感じがある。地区の人々はパークローズの現状に満足しているか、あるいはすでに（新しい**ターゲット**や**ベスト・バイ**、**レッド・ロビン**でいっぱいの）カスケード駅周辺につぎ込み過ぎて、これ以上サンディー通りに気を配ることができないか、どちらかのようだ。しかし、サンディーの一部を並木道でカフェがあちこちにあるビジネス地区に変えようとする計画は、まだ存在している。

商業地区の南側にある、小さい質素な家々とセンズデイリー公園は、居心地がよく、田舎っぽく、まるでアメリカ中西部のような印象をこの地区に与えている。商業地区のすぐ東側にある農園、ロッシ・ファームは、130年以上にわたりパークローズで操業しており、122番通りの東側の土地を多く利用している。しかし、田舎を強く感じられるよりも前に、ポートランド国際空港への着陸準備に入った上空のジャンボジェット機が近づいてくる音や、ラッシュアワーの車でいっぱいの2つの高速道路（と、四六時中交通量の多い122番通り）からの雑音が耳に入り、実際には、依然としてアメリカの大都市の只中にいるということを、人々に思い出させる。

サウス・ウォーターフロント

ポートランドのサウス・ウォーターフロント地区は、どういうわけか、人里離れた場所という感じをもっている。そこは、最先端のサウスイースト・ポートランド中心部からウィラメット川を隔てた向かいにあり、ストリートカーが10〜15分ごとに走り、市中心部から歩いて20分で、全米に2つしかないエアリアル・トラムが運行する地区の一つだ。これらの点はいずれも、孤立感を育むわけではない。

にもかかわらず、そこは非常に孤立していると感じられる。インナー・イーストサイドのヒップで奇抜な雰囲気は明らかに欠けている。中心部付近の交通渋滞からも離れており、また、ウィラメット川によってイーストサイドと、州間道5号線によってレアーヒルやコルベット地区と、そしてマルクアム橋へと続くクモの巣状の高速道路のインターチェンジによって他のすべての場所と隔てられている。

しかしそこはまた、風変わりなポートランドの反骨心やその他の「問題」からも隔離されている。サウス・ウォーターフロントは清潔だ。車道や歩道にはガムのポイ捨てが一つもなく、落書きもなく（地区の西端に存在する、まだ取り壊されていない機械工場の裏側を除いて）、吊るされた靴で飾り立てられた最寄りの送電線があるのは、最近取り壊されたコルベット通り沿いのグレイハウンドの駅の近く（半マイル［約0.8km］先）だ。

サウス・ウォーターフロントの古い景観は完全に消し去られたわけではないが、現存しているものはほぼ完全に新しいものである。このエリアは、そもそも人が暮らす近隣地域（ネイバーフッド）ではなかったし、その意味で、変化するポートランドの他地区とは違っていた。高層ビルや車道、歩道が作られた当初は、まだすべての建物が空いている状態だったため、このエリアに足を踏み入れるのはやや不気味なものだった。この場所には、人の活動、人間関係、そして人間的意味というものが欠如していたのだ。

しかし今では、人々がそれらの建物で暮らし、働いている。彼ら彼女らはレストランで食事し、バイオリン演奏を鑑賞し、川沿いを散策し、緑地で子どもたちと遊ぶ。サウス・ウォーターフロントはおそらく、多くのポートランド住民にとってまだ大した意味をもっていないが、ここで暮らしたり訪れたりする人たちはこの場所との関わりを深めており、彼ら彼女らがこの場所に与えた意味が間もなく、抽象的で工業的な空間から、意味のある居住や商業の場所へとこのエリアをさらに移行させていくだろう。

都市の見方

V. ソーシャル・リレーション

どのように人と人とが関係し合い、付き合っているのか、または、そうでないのかを観察することは、都市を理解する一つの方法である。人間関係のあり様は、都市との関わり方やその理解のされ方と密接に関係している。たいていは表に現れない、はっきりとは見えない関係を分析することで、自分たちとは違った考え方について、とても参考になるヒントが得られる。オンラインでつながることが当たり前な時代において、街中の道端での個人同士の付き合いや社会的な交流は、これまで以上に大切なものになっている。1950年代や1960年代、ジェイン・ジェイコブズは、都市は、街中でくりひろげられるバレエのようなものであると論じた。そこは、他人同士さえも互いに気にかけるような場所であり、歩道からの人々の目によって、ある程度、安全が保たれてきた。このような彼女の考え方は、今日においても当てはまる。

治安当局の役割も重要である。自分たちの規律を維持し逸脱を取り締まる者を信頼できなくなると、その緊張関係は、容易に目に見えて感じられるようになる。人と認識との関係は、都市との関わり方やその理解のされ方とも密接に関連している。(一部の地域内の人たちも含めて)地域外の人たちは、ポートランドのことを、ヒップスターとの関わりやテレビ番組の『ポートランディア』での風刺、ニューヨーク・タイムズ紙で時々書かれる記事で知っている。この街の呼び名には、この街に対して人々がもつ認識が見え隠れしている。リトル・ベイルート(ジョージ・ブッシュ大統領によるもの)やポートランド共和国は、いずれもポートランドのアイデンティティに関するある種の物語を連想させてくれる。スタンプ・タウン(切り株の街)とブリッジ・タウンからは、また違ったイメージが思い描かれる。リップ・シティとサッカーシティからは、地元のスポーツ・アイデンティティが呼び起こされる。またローズ・シティは、別の意味合いも含んでいる。

本章では、人と人との関係、人と治安当局との関係、人とアイデアとの関係について模索していく。数ページを割いて、このような関係が、過去や現在において、いかにして、ある人にとっては時に非常にリアルなものとなり、それ以外の人にとっては目に見えないものとなるのかを見ていくことにしたい。

ミッション・インビジブル（監視を避けて）
監視の目を最小限にする道順

監視の目の中での暮らし

2013年のボストンマラソンで発生した爆破事件から数カ月後、多くの人々は、街中に設置された監視カメラが、とりわけ、このような非情な暴力事件の犯人を特定する上で重要な役割を果たしたことを理解することになった。あらゆる犯罪事件において、映像に基づく証拠が果たす役割は大きくなっている。このような監視は、人を追跡する目的でも使用される。顔認識のソフトウェア開発によって、短時間で膨大な映像を調べ上げることができる。これによって、当局が、特定の都市だけでなく、他の都市や海外にまで対象を広げて、個人を追跡できるようになりつつある。

2013年の夏、アメリカ国民の電話通話を対象としたアメリカ国家安全保障局による組織的な傍受に関するニュースは、監視システムの行き過ぎた利用の怖さを知らしめた。アメリカ自由人権協会は、通話の傍受を止めるように訴訟を起こした。監視システムに対する莫大な支出やそれを支える業界の存在を指摘する声も上がった。

ポートランドにおいて、住民らは、常に監視されているとは思っていないかもしれないが、自分たちがどれほど監視されているか、多少なりとも気を配るべきである。カメラは、ほとんどの街区に設置されているし、それに映る可能性は非常に高い。一部の住民は、監視されることを好まない。住民は、自分たちが監視されていることに気づくと行動を変えることもある。前ページに掲載した地図は、監視カメラと街灯をできるだけ避けて、市の中心部を移動する方法を教えてくれる。

監視による社会への影響を議論する際によく言及されるのは、ジョージ・オーウェルの未来小説『1984』である。その内容は、ビッグブラザーが、テレスクリーンを使って、社会のあらゆる人のすべての行動を監視するといったものである。規律を乱す者に対しては、その人にとって、とても恐ろしい罰が用意されている。オーウェルが伝えたいことは、人は常に見張られていることを意識している状況では、国家の要求に一致する行動をとるということである。そのため、人は同じように行動し、目立つような行動をとることを恐れるようになる。これはオーウェルが描いた未来の都市文明に対する懸念であり、多くの人たちは、オーウェルの悪夢が様々な場所で現実のものになっていると考えている。ミシェル・フーコーは同様に、都市社会をジェレミ・ベンサムのパノプティコン、つまり人の行動を常時監視し管理できるようにデザインされた刑務所と重ね合わせて論じている。

ポートランドのことを、パノプティコンと呼ぶことはできないだろうと思うかもしれないが、自分たちが考えている以上に、より近くで監視されている可能性がある。ポートランドの中心部だけで、路上に向けられた監視カメラは400台以上に上る。これには、中心部に広く分布するATMに設置された数多くのビデオカメラは含まれていない。また、完全に隠れた場所にあるカメラや、携帯電話のカメラで歩きながら撮影され、YouTubeにすぐに投稿されたHD動画も含まれていない。

この地図上の監視カメラのデータを収集した方法

カルチュラル・アトラス作成クラスの受講生らが、このデータを2012年6月26日に収集した。中心部は7つの地区に分けられた。2人の調査員が、各地区のすべての通りを歩いて、監視カメラを確認し、その位置を記録した。これには、一般的にカメラが設置されるATMや屋外に向けられていた建物内の監視カメラは含めなかった。この現地調査において、調査員は、パブリックアートや屋外広告、特徴的な音や匂いの収集も同時に行った。

1日24時間／ビデオ監視中／立入禁止

緑の楽園

ポートランドは、緑の楽園として全国的に知名度が高い。実際、ポートランドが、環境保護や持続可能性に関する運動のリーダー的な存在であることは、しばしば当然のように思われている。これを前提に、市内の環境保護意識の存在を伝えると同時に、ポートランドに対して人々がもっている、のどかで親しみのあるイメージを連想できるようにこの地図をデザインした。一部の人たちは、ポートランドは、多少なりとも、うわべだけの環境保護に加担していると言うかもしれない。緑地は、市内に均等に分布している訳ではない。より細かく見てみると、広く共有される輝かしいイメージの裏には、良い現実と悪い現実の両方があり、環境保護の手薄な部分がポートランドにもあることがわかる。

ポートランドは、持続可能な都市を構築するために、結果が見える形で大変な努力を積み重ねてきた。250マイル［約402km］もの自転車用道路や175のLEED認証の建物、288の市民公園、計2,000程度の区画からなる50以上のコミュニティガーデンといった一連の指標に基づいて、持続可能性の首都としての地位がポートランドに与えられたのだ。それに加えて、ポートランドで消費される全エネルギーのうち33%が再生可能資源からのもので、国内において、石炭資源の使用割合（25%）が最も低く、ポートランドで出るゴミの約半分はリサイクルされるか自然再生されており、さらにアメリカの主要都市の中で、最も早くビニール袋の使用を禁止した。またポートランドは、移動手段が自転車である住民が最も多く、雨水を濾過して再利用する施設に転用された駐車スペースが最も多く、ビーガン［完全菜食主義者］の割合が最も高い。

ポートランドは、当初から、持続可能性にかなり積極的に取り組んできた。市は、1970年代にスプロール化を抑制するために都市成長境界線を設定し、その都市規模を考えると、国内で非常に優れた公共交通システムの一つを有している。フォレスト・パークは、国内において最大規模の都市内自然林である。

ノース／ノースイースト・ポートランド中心部
LEED認証を受けた建物：
June Key Delta Community Center
Holy Redeemer Catholic School
Ethos Music Academy
Henry V Events
Vanport Square Studio
Miracles Club
George R. White Library
8つのコンドミニアムかマンションの建物

環境保護団体
East Multnomah Soil and Water Conservation District
Cascadia Wild
Soltrekker
Groundwork Portland
Oregon Sustainable Agriculture Land Trust
Friends of Trees

ロイド地区
LEED認証を受けた建物：
Portland Water Bureau Meter Shop
Moda Center
Liberty Centre
Da Vinci Arts Middle School Addition
Metro Regional Center
Buckman Terrace Apartments
Convention Center

環境保護団体
The Xerces Society for Invertebrate Conservation
Earth Conservation Corps Northwest
Environmental Law Education Center
US Fish and Wildlife Service

Port of Portland Headquarters
Columbia Slough Watershed Council
Cascade Station
Ikea
Multnomah ESD Outdoor School
Helensview
ProLogis
Corporate Express
Boeing
Growing Gardens
Providence Health
Hollywood Station
The Oregon Clinic
Oregon Clearinghouse for Pollution Reduction
East Portland Community Center
Expeditionary Learning
OPAL Environmental Justice
South Waterfront Central District
Portland YouthBuilders
Trackers Earth
Reed College Student Housing
Zenger Farm
Leach Botanical Garden Environmental Education Association of Oregon
Educational Recreational Adventures
Johnson Creek Watershed Council

― コミュニティガーデン
― バイオスウェールが設置された通り
● 環境教育または環境保全団体
● エコルーフが設置された建物
● LEED認証を受けた建物

175件以上の民間所有のLEED認証を受けた建物と、この地図には示されていない少なくとも150戸のエコルーフが設置された民間住宅がある。

サウスイースト・ポートランド中心部
LEED認証を受けた建物：
Multnomah County Building
People's Cooperative Grocery
Hawthorne Condominiums
Hawthorne Hostel
River East Center

環境保護団体
Coalition for a Livable Future
Bark
Northwest Earth Institute
The Nature Conservancy
Columbia Land Trust
Willamette Riverkeeper
Sierra Club Columbia Group
Sunnyside Environmental School
Wolftree Inc.
OMSI
OSPIRG

ポートランド・パーク・リクリエーションは、1974年にコミュニティガーデン・プログラムを始めた。市は現在、2,100程度の区画を有する50のコミュニティガーデンをコーディネートしている。このプログラムは大変人気があり、2014年の春には8つのガーデンでしか区画が空いておらず、1,000人以上が順番待ちであった。これは、パール地区で手頃な価格の住宅を順番待ちしている人数とほぼ同数である。

ポートランドは、たいていの人がグーグルで検索しないと知らないような持続可能性に関する分野で、全米の先頭を走る。たとえば、市内の多くの交差点の一部を割いて、バイオスウェールが設置されている。これらは、雨水の排水施設でもあるし、ポートランドの車社会に対する挑戦状とも見なせる。バイオスウェールは、雨水の排水が下水道やその先のウィラメット川に至るまでに、その中に含まれる油分やその他の毒素を濾過する働きがある。他方で、前々から車を止める場所が不足している人口密度の高い地区で、3台から5台分の駐車スペースを占拠してしまう。市内には、現在、約1,350カ所のバイオスウェールがある。

環境サービス局によるグレー[コンクリート]からグリーン[緑地]への転換政策においては、バイオスウェールや緑のインフラストラクチャーと市が呼ぶ項目が推進されている。その中には、エコルーフ[屋上緑化]や街路樹、外来植物の管理、用地買収が含まれている。簡単に言うと、エコルーフ(またはグリーンルーフ、リビングルーフ)とは、構造物の上に設置された庭である。このような庭は、二酸化炭素の吸収や雨水および大気中からの汚染物質の除去、都市のヒートアイランド現象の緩和といった効果があり、気候変動に対処する新たな手法として期待される。ポートランド市は、建物の所有者やデベロッパーに対して支援や助成金を提供し、エコルーフの設置を進めている。1990年代後半から2013年までに、ポートランドでは560件以上のグリーンルーフが設置され、その面積は38エーカー[約15万㎡]以上に及ぶ。

ポートランドでは、LEED認証の建物の屋上に350以上ものエコルーフが設置されている。約半数の建物は業務/官庁街にあり、残りの半数は住宅地にある。LEEDの認証を得るためには、アメリカ・グリーンビルディング協会(USGBC)から、土地の持続可能性と水効率、エネルギーおよび環境、材料と資源、屋内環境の5つの項目で評価を受けなければならない。評価後に、対象となる物件が獲得したポイント数に応じて、シルバー、ゴールド、プラチナレベルのいずれかに認証される。グリーンビルディングに対するより厳格な基準として、「おそらく現時点で、建造環境の持続可能性の最も進んだ評価基準」と言われるリビング・ビルディング・チャレンジ(LBC)が登場している。ポートランドには、まだLBC認証の建物が1件しかない。同じカスカディアのライバルであるシアトルは3件

を有することから、ポートランドは環境保全において後塵を拝している。

ポートランドは、国際的で大規模な非営利組織から小規模な環境正義の団体に至るまで、様々な環境活動団体の拠点となっている。これらの団体は、環境的人種差別から、無脊椎動物の保護を目的とした土地利用政策に及ぶあらゆる分野を対象にしている。

他の都市と同様に、ポートランドの気候はガーデニングに最適である。実際のところ、ポートランドの公共のコミュニティガーデンは50であり、都市規模に対して、それほど多いわけではない。たとえば、ボストンには200近くのコミュニティガーデンがあり、そのうちの一部は500程度の区画を有する。その他の都市でも、カンザスシティには約350、アトランタには約100、シアトルには約90、ブルックリンには少なくとも75ある。サンフランシスコは、ポートランドの面積の3分の1しかないが、約40ある。デトロイトは、面積や人口規模の点においてポートランドとほぼ同程度であるが、コミュニティガーデンの総数は1,000以上であると推定される。デトロイトとポートランドは、多くの理由で比較することは困難であるけれども、どちらの都市が、環境保全で評価されているだろうか。

ウィラメット川は、泳ぐのにあえて選ぶような場所ではない。実際のところ、下流から12マイル[約19km]の範囲(おおよそスワン島からソービー島までのポートランド・ハーバーとして知られる)は、ひどく汚染されているため、2000年に全域がスーパーファンド法[アメリカの土壌汚染対策法]の区域に指定された。スワン島とセントジョンズ橋の流域には、環境保護庁が、重点的浄化地区としてリストに挙げた24の用地が、少なくとも含まれている。過去100年以上の間、わかる範囲で150もの異なる問題のある団体(産業、政府機関など)が、水銀やヒ素、PCB、フタル酸エステル、DDT、その他の膨大な発が

カリー通り沿いのバイオスウェール

ホーソンにあるポートランドホテルの屋上に設置されたエコルーフ　　　ポートランド下水処理施設の屋上に設置されたエコルーフ

ん性物質を河川に廃棄してきた。その間ずっと、これらの化学物質はウィラメット川の川底に蓄積し続け、現在も処理されることなく地下水へと流れ込んでいる。この問題に対して、ポートランドは、あふれ出した廃水を分離し、未処理の下水がウィラメット川やコロンビア・スラウへと流れ込まないように、巨大な地下トンネルとパイプラインを建設した。ビッグパイプとして知られる、この14億ドルをかけたプロジェクトは、20年に及ぶ工事の末に、2011年に完成した。

グリーンビルディングに関して、LEEDのようなグリーン認証は、適切なエージェント（たとえば、USGBC）に、それなりの対価を支払うことなしには実現できない。LEED認証には、持続可能なデザインが要求されるだけでなく、十分な資金も求められるのだ。しかも、LEED認証が実際にその建物がグリーンビルディングとして機能する前に与えられており、建物の環境性能が実際の状況下で機能していない可能性が、LEED認証システムへの批判として長らく問題視されてきた。一部の研究において、LEED認証された建物の多くが、他の建物よりも、「より多く」のエネルギーを実際は消費していることが示されてきた。公正を期すと、LEEDはすでに、これらのケースのいくつかに関して、認証プロセスを修正することで対応している。結局のところ、デベロッパーやエージェントに支払う費用さえあれば、認証プレートを得ることができる。そのあとは、その建物がどれほどエネルギーを消費するかなんてことは問題にされない。それでもLEED認証された建物として、環境に配慮しているとの栄誉を得ることができる。

ポートランドが環境（緑）に優しい都市であるというのは、確かに正しい。しかし、認証基準を別にして考えてみると、ポートランドには、明らかに環境保全が手薄な部分がある。オレゴンに自生するダグラスファーの鬱蒼とした森の緑は、この2世紀の大半の間に伐採され続け、住宅の骨組みや台所テーブルに利用されてきた。デベロッパーには、新たな集合住宅団地の開発に着工することに対して、毎日、青信号（グリーンライト）が出されている。淡い緑色、それはポケットの中の

ドル紙幣の色である。毎朝、路面電車の停留所に行く途中に跨ぐ、歩道で寝ている人たちの1人にそれをあげるかどうか悩んでしまう。

したがって、ポートランドがどの程度環境保全に配慮しているかは、あなたの基準や誰に尋ねるかによっても違ってくる。イエスかノーかといった見方は簡単である。しかし、この街を単に環境に優しいとラベリングしてしまうと言い過ぎになるし、この街をうわべだけの環境保護だと片付けることも誇張しすぎである。自然との関わりの中で得られる実体験を踏まえると、特定の見方が必ずしも当てはまらない。カスカディアの旗を特徴づけるダグラスファーは、カスカディアの人々が従って生きる社会と環境の倫理水準の高さを表現しているが、同時に、それと矛盾するようなこともある。ポートランドの人たちは、フォレスト・パーク内のダグラスファーの森をハイキングしたり、ローレルハースト公園のダグラスファーの涼しい木陰でピクニックしたりする……その後には、イースト・バーンサイド通りの人気クラブである**ダグファー**で、インディーズの素晴らしいロックコンサートを見に行ったりもする。

LEEDの認証プレート

怖いもの知らずの若者たち
パンクハウスとコンドミニアム

「怖いもの知らずの若者たち」とは、街の中心部にあることや安い家賃であることに惹かれて、街中の低所得地域に暮らすミュージシャンやアーティスト、その他のカウンターカルチャーに属する白人の若者を指す用語である。ポートランドは長らく、このような人たちを魅了し続けてきた。90年代以降、ノース・ポートランドやノースイースト・ポートランドの中心部に、より多くの人たちが居を構えるようになった。そこは、1990年には市内のアフリカ系アメリカ人の80%が暮らす低所得地域であった。シアトルで世界貿易機関に対する抗議が行われた1999年以降、当時のアナーキストやパンクたちの活発なコミュニティが爆発的に増加し、それに伴って数多くのパンクハウス(誰でも出入り可能なシェアハウス)が見られるようになった。そうした共同住宅は、パンクの地下コンサートや資金集めをする者、フード・ノット・ボム[爆弾よりも食べ物を]の会合、旅人、政治団体の拠点となった。2000年代初めから半ばにコンドミニアムが増え、家賃が高くなると、ノースやノースイースト・ポートランドの地区から黒人の流出が始まった。パンクハウスが、コンドミニアムができるきっかけとなったとする意見や、一つの地域文化の喪失を象徴しているとの意見もある。おそらくは、その両方であろう。コンドミニアムを批判しないような者はいるのか。それは、そこに住んでいる人たちだけであろう。

けれども、そうした人たちは、どのような人たちであろうか。築100年の木造1-2階建ての広い庭付きの一軒家が一般的な市内において、新しいコンドミニアムが近隣に建設されることは、まるで銀河系外から宇宙船がやってくるようなものだ。コンドミニアムは、ポートランド市が要求する高い人口密度であり、公共交通指向で、環境に配慮した空き地開発に合致するものの、ポートランドの人たちの多くが思い描く街のイメージや理想とは相容れないような、社会階層を示す明確なシンボルとなる。その1階の店舗部分には、当然のことのように、ピラティスのスタジオや高級靴店、塩の専門店が入居する。たいていの場合、コンドミニアム開発は、ジェントリフィケーションやブルジョワ、資本主義を象徴するものである。それらは、手頃な価格の住宅がないことやインナーシティからの住民流出があったことの目印となる。加えて、ほとんどのコンドミニアムは、まったく同じ外観をもつ。その存在は、都市景観の個性の喪失をもたらしている。

人目につかない
ホームレス

2013年1月30日時点で、ポートランドでは2,869人がホームレスであった。その日の夜、マルトノマ郡とポートランド市住宅局の担当者らは、1,895人が路上で生活し、975人が避難施設で寝泊まりしていることを確認した。推計によると、合計で15,563人が、路上やシェルターまたは一時滞在住居にいるか、友達や親戚の家に居候していた。

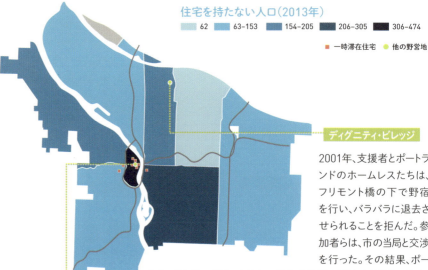

住宅を持たない人口（2013年）
62　63-153　154-205　206-305　306-474
■ 一時滞在住宅　● 他の野営地

ライト・2・ドリーム・トゥ

2011年秋以降に、ライト・2・ドリーム・トゥ（RIGHT 2 DREAM TOO）は、雨風をしのげる安全な宿泊の場を50人に提供した。市内の他の宿泊所や一時滞在住宅と異なり、ここではペットや夫婦の入居も認めている。このような人目につく場所に、一時滞在住宅用の施設があることを市は好ましく思っていない。

ディグニティ・ビレッジ

2001年、支援者とポートランドのホームレスたちは、フリモント橋の下で野宿を行い、バラバラに退去させられることを拒んだ。参加者らは、市の当局と交渉を行った。その結果、ポートランド空港の近くにある市の堆肥化施設に隣接する用地へと、正式に移転することが認められた。オレゴン州法改正（446.225）によって、オレゴン州の各自治体において、一時滞在住宅用の施設を提供する目的で野宿地を2カ所まで設置できることが承認された。ディグニティ・ビレッジは、そのうちの一つである。ディグニティ・ビレッジは、13年目を迎え、約60人の住民に住居を提供する自治コミュニティの成功モデルである。しかし、その遠く離れた立地は、人目につかない場所に変わりはなく、多くのポートランドの人たちに忘れ去られてしまった。

人種構成（マルトノマ郡との比較）

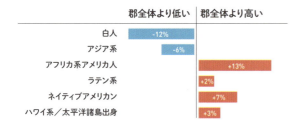

囲いのない寝場所

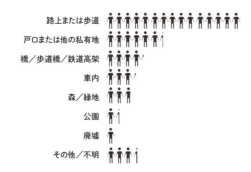

ホームレスの経験年数

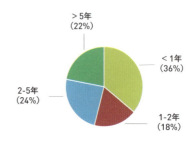

家族構成

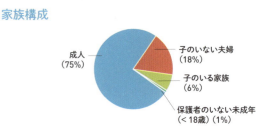

130　ポートランド地図帖

ライト・2・ドリーム・トゥ、2014年

フェンスとして使われる扉、ライト・2・ドリーム・トゥ、2014年

ライト・2・ドリーム・トゥコミュニティの存在は、ポートランド市やオールドタウン地区、周辺の企業、一般市民からの強い反発を生んだ。ウェスト・バーンサイド通りと4番通りの角に位置する野宿地に対して、ポートランドの中心部にはふさわしくない、少なくともこの場所には望ましくないと反対している。

ライト・2・ドリーム・トゥがある土地は、民有地であり、興味深い歴史がある。1980年代初期に、オーナーがビルを購入し、アダルト書店を開いた。建物が危険であったため、翌年に取り壊されることになり、2007年に書店を閉店した。同じオーナーが、2011年に、空き地となったところをフードカートで一杯にしようとしたが、市はこれを許可せず、未舗装の場所でのフードカートの運営に対して罰金を科した。用途地域規制によって、オーナーが新たな敷地を舗装することが制限されていたため、空き地のままとなっていた。

2011年秋、「ウォール街を占拠せよ」の抗議が始まったころに、抗議とは関係がなかったポートランド市内のホームレスの人たちが、この敷地にテントを張った。このような行動は、ある意味、「ここで営業ができないのであれば、家がない人たちが寝泊まりしても良いのではないか」という、世間に対するオーナーの言葉巧みな問いかけに応じたものであった。このような後押しを受けて、ライト・2・ドリーム・トゥは、2011年10月10日に正式に始まった。執筆時点では、同じ場所に同じように存在している。

このような空間は、ホームレスについて語る際に、これまでとは異なる方法があることを示している。この場所が存続するうえで、中心部に位置していることが、その維持にとって極めて重要となる。その理由の一つに、この場所から4分の1マイル[約0.4km]圏内に、ライト・2・ドリーム・トゥに滞在する人たちに加えて、市内で家を持たない、さらに多くの人たちが利用する様々なサービスが10種類ほどもあることが挙げられる。たとえば、緊急の宿泊所や社会福祉施設、複数箇所での食事の提供、洗濯やシャワー施設、健康診断やメンタルヘルス、薬物依存回復サポートといった医療支援を行う診療所、職業訓練所があるのだ。多くの者にとって、生きていくためにも、安定した生活を得るための次のステップにおいても、こうしたリソースへの近接性が大切な条件となる。

ライト・2・ドリーム・トゥは、路上生活がはじめてで、その慣れない状況にうまく対処する術を必要とする人たちのリソースにもなる。所属するスタッフらは、大規模な支援ネットワークを形成し、路上で生き抜くうえでの豊富な情報を有しており、初めて家を失った人たちにとって、かけがえのないリソースである。ライト・2・ドリーム・トゥは、市の中心部にあって人目につきやすいため、生活支援の不可欠な拠点となっている。

このような空間は、ポートランドにホームレス問題が存在していることを表す視覚的な目印となる。住宅や一時滞在用のスペースが、それを必要とする人たちに全く足りていないのだ。ライト・2・ドリーム・トゥは、ホームレスが安心して眠れるような宿泊所であることに留まらない。その施設の外観──敷地の境界を示す扉──には、この場所の利用者にとっての希望の言葉が示される。この扉に描かれた内容は、手頃な価格の住宅を通じた社会的平等などの問題についての正義を訴えたものだ。このスペースが人目につくように占有されていることは、その問題の深刻さへの関心を引くばかりでなく、社会的な支援の大切さを示すものでもある。ライト・2・ドリーム・トゥが位置すべき完璧な場所はないかもしれないが、このようなコミュニティが存在する価値はあるのだ。

1 1883年の国勢調査統計区51

1880年代後半、ノーザン・パシフィック鉄道が到達し、ポートランドホテルが開業することで、ポートランドの黒人住民にサービス業と肉体労働の仕事がもたらされた。1900年には、オレゴン州内の1,105人のアフリカ系アメリカ人の大半は、ノースウェスト・ポートランドにある国勢調査統計区51に居住していた。黒人たちの社会的な生活空間は、ノースウェスト・ブロードウェイに面した**ゴールデン・ウェストホテル**付近が中心であった。

2 1940年代のアルビナ

アルビナの街は、1891年にポートランドと合併した。1940年まで、ポートランドの黒人人口の半数以上は、アルビナに住んでいた。そこは、ジャンプタウンとして知られるジャズの盛んな地区でもあった。第二次世界大戦後になっても、造船所の黒人作業員らは、人種差別的な理由で住宅の選択肢が限られており、仮設住宅からアルビナに移住させられた。1990年代後半もしくは2000年代初頭まで、アルビナのほとんどの地区は、アフリカ系アメリカ人が大半を占めていた。

4 1942-1945年のギルズ湖コート

ギルズ湖コートの住宅、1944年

3 1942-1948年のヴァンポート

第二次世界大戦の間、造船所での仕事に引きつけられて、全国から人々が流入してきたため、ポートランドのアフリカ系アメリカ人の人口は大幅に増加した。労働者やその家族の流入を受け入れる目的で、2つの大規模な住宅事業が、ヴァンポート独立市とノースウェスト・ポートランドのギルズ湖コートで立ち上げられた。これらは、人種が混在したコミュニティであった。双方とも、戦後に人口が減少し、ヴァンポートに至っては1948年の洪水によって消滅した。

5 1950年代後半-1960年代のエリオット&ロイド地区

1950年代後半、エリオットとロイド地区の住民は、1,500以上の住宅と事業所の解体が行われたポートランドのコロシアム都市再生事業の際に、移住させられた。1960年代後半、解体作業はウィリアムズ通りよりもさらに北側まで進み、エリオット地区にある黒人の業務地区の中心地が解体された。これは、エマニュエル病院の拡張を意図したものであったが、それは実現されなかった。いずれのケースとも、ポートランド市開発局（PDC）による理由は、これらの地域が「荒廃している」ことであった。

上空からみたヴァンポート、1943年

ジェントリフィケーションの反対を訴えるグラフィティ、ノース・ミシシッピ通りおよびシェイバー通りの交差点、2009年［壁面に書かれた文字：不愉快なヒップスターは消え失せろ……さよ

レッドライニングとジェントリフィケーション*

過去：1890-1990年

ノーザン・パシフィック鉄道は1883年にポートランドに開通し、ポートランドのアフリカ系アメリカ人の主要な雇用主の一つとなった。その一部は、アルビナに住宅を見つけ、その他は市内の各地に分散した。しかし、大半は、初の黒人教会と黒人が所有する事業所が立地していたノースウェスト・ポートランドに暮らしていた。

ポートランドにおいて、人種に基づく住宅差別は、ポートランド不動産委員会の1919年規則によって初めて明文化される。そこには、白人地区の不動産を、黒人または中国人に販売することは道徳に反することであると書かれている。1935年、連邦住宅ローン銀行協会は、住宅所有者ローン会社に対して、前のページで示したポートランドの「不動産街区図」と同様のものを、全国の都市を対象に作成するように依頼した。レッドライニングという用語は、1960年代に造語されたもので、この地図上で、銀行がローンを貸さないように指示された地区を赤色の線で表現したことに由来する。これらの地区は、インナーシティの地区のみでほぼ占められており、人種的、民族的マイノリティ、特にアフリカ系アメリカ人の住宅地であった。レッドライニングとは、政府や土地所有者、不動産業者、銀行が、金銭的な投資を行わないようにするとともに、マイノリティを特定の地区に制限することを目的とした政策や事業を広く意味するようになった。

1950年代になると、ポートランドで都市再生事業が行われた。まず1950年半ばから後半の時期に、メモリアル・コロシアムと州間道5号線の建設のために、黒人が大半を占めるエリオットおよびロイド地区が解体された。1970年、ポートランドの全人口の6%のみが黒人であった時代に、ボイジの人口の84%が黒人であった。ここは、ポートランド史上どの地区よりも集住度が高く、ポートランドが全国的にも居住分化が極端に進んだ都市の一つであったことを表している。

1960年代から70年代にかけて、アルビナ地区の持ち家は増加した。しかし、そうした地区の不動産評価額は低く、公民権運動の進展にもかかわらず、銀行は差別的な融資を続け、不動産に対するローンの発行を拒否した。このことは、住宅の質の悪化を招き、いい加減な不在地主や金を奪い取るような貸し付けが増加していった。市が過去の数十年にわたって企ててきたとされる「荒廃」が実際に生じたのは、こうした人種差別や怠慢、都市再生の影響が相まったことによる。1980年代の不景気の頃、アルビナ地区は、クラック・コカインの拡大やギャングの抗争によって苦しめられた。地区から転出できる者は、出て行った。持ち家の増加傾向は逆転し、ボイジ地区では、黒人と白人ともに人口減少となった。1990年までには、ボイジの約4分の1の住戸が空き家となった。

現在：1990-2012年

1990年代初めに不景気が終わりを迎え、ポートランド市は、アルビナ地区、特にボイジとエリオットを対象に、「再開発」を行った。その際は、多少なりとも政治的により公正な形で、再生に伴う移住が行われた。1993年のアルビナのコミュニティ計画では、地区内の自転車道のネットワークと、ノース・インターステート通りのライトレールが提案された。さらに、高密度で多目的な開発および地元ビジネスの創出が推奨された。MAXイエローラインが延伸される計画と同時に、PDCは2000年に、州間道沿いのインターステート都市再

生エリアを設定した。市に採用されたこの計画では、地区の不動産価格の上昇で増加した税収は、既存の住民に還元し、ジェントリフィケーションや強制移住から守るために利用されるはずであった。しかし、9.11後の不景気の間に、計画予定であった18件の非強制移住型プロジェクトと零細企業の支援プログラムが延期され、ニューコロンビア住宅開発のみが実質的に実施された。その後、MAXラインが延伸され、残りの計画が実施されることでようやく、不動産価格が実際に上昇し始め、ボイジの人口も増加した。

計画の対象となっていたノース・ミシシッピ通りの歴史保全地区とウィリアムズ通り〜バンクーバー通りは、ヒップ[最新]なショッピングとエンターテイメント地区へと変貌を遂げた。4階建のコンドミニアムやブティック、バーの急な出現には、デベロッパーへの税制優遇や不動産所有者への補助金による大幅な支援があった。2001年以降、PDCは、ウィリアムズ通りとバンクーバーの通り沿いにある38の事業所に対して、店舗の外観を改修する補助金として60万6千ドルを提供した。2012年2月時点で、ポートランドのかつての黒人街のメインストリートにあった62の小売スペースのうち68%が開店5年未満の新しい店であった。

ボイジの再活性化は、地区内での急激な人口変化をもたらした。白人が増加したのとは対照的に、黒人の住民数は長期にわたって着実に減少してきた。18歳未満の人口が減少するのに対して、18歳から34歳までの人口が増加した。新しい住民の流入によって、緊張関係が生じた。1999年、ちょうどボイジの人口のマジョリティが黒人から白人へと変わろうとする時期に、地区内で低所得者向けの新規住宅の建設に対する、近隣住民による反対運動が行われた。

ミシシッピ周辺の開発が活況を迎え、それが続くにつれて、ウィリアムズ地区からボイジ地区に及ぶ範囲は、一つの大規模な工事現場の様相を呈した。2012年には、少なくとも、3件の民間による大規模な住宅開発が、互いに数ブロックしか離れていないところで始まった。ノース・ウィリアムズ通りとビーチ通りに面する最近に完成したアルバート・アパートメントは、ボイジ近隣組合から建設を反対されていたもので、公共交通指向型の開発に対する100万ドルもの税制優遇を受ける一方で、低所得者向けの住戸は一つも含まれていなかった。ボイジでの建設を望んでいる複数のデベロッパーは、反対を避けるために、自分たちの計画を秘密裏にしてきたことを認めたのだった。

民間デベロッパーのこうした隠蔽体質が一因となって、住民らの多くは、自分たちの地区を新しく大幅に作り替えることに参加する機会がほとんどないか、全くないと感じている。結束力があり互いに助け合うコミュニティのような無形財産の損失は計り知れない。その最大のダメージは、ジェントリフィケーションによってもたらされた。

市の標識のように見立てたストリート・アート、2009年
「ポートランドの歴史的レッドライン地区　ポートランドでは過去に、不動産会社や銀行、保険会社によって「レッドライニング」が実施され、「黒人とアジア人」を排除する地域が設定された。この人種の境界線を越えると、エージェントは自身のライセンスを失う可能性があった。現在、都市部でのジェントリフィケーションによって、この地区に残された手頃な住宅ストックが失われるに連れて、低所得世帯は立ち退きにあっている。」

かつて数ブロック内に住んでいた人たちが都市圏の両端に追いやられてしまっているため、コミュニティの再生は非常に困難である。アフリカ系アメリカ人の住民が、ビーバートンやグレシャム、バンクーバー、イースト・ポートランドに、より手頃な住宅を求めて、1,000人単位でアルビナから転出するけれども(国勢調査によると、2000年から2010年にかけて7,700人)、黒人のコミュニティにとって欠かせないレストランや美容室、理髪店、ジェファーソン高校、ポートランド・コミュニティカレッジ、100年以上の歴史がある教会などの施設や企業の多くはノース・ポートランドやノースウェスト・ポートランドの中に残っている。ポートランドの黒人たちが友達や家族と買い物をしたり集まったりするためには、長時間のドライブやバスでの移動を伴う。教会は、毎朝、異なる場所に住む参列者を迎えにいくことに時間を費やしている。複数の教会は、移転したり、サテライトを開設した。

アルビナに残る昔からの住民は、長年暮らしてきた街で自分たちが歓迎されていないと感じているかもしれない。ノースおよびノースイースト・ポートランドの近隣組合では、黒人のバーやクラブへの苦情に加えて、日曜日の朝の教会での礼拝から出る音に対して、近隣住民からの苦情が増えていることが報告されている。

[＊ジェントリフィケーションとは、都心部に近接する低所得者層の住宅地が再開発によって富裕層向けの高級な住宅地となること]

……その結果

この5年かそこらで、フリモント通りからシェイバー通りまでのノース・ウィリアムズ通りの区画は、空き地や倉庫が並ぶ通りから、低層階にグルメ食品店やブティック、ポートランドでこれまで知られていない様々なバー（バイク・バー、デリ・バー、オイスター・バー、他にも思い浮かぶ？）が入るコンドミニアムを好む住民の引っ越し先へと変容してしまった。

60年ほど前、6ブロックほど南では、今とは違った繁華街が全盛期を迎えていた。この地は、「ポートランドの黒人たちのメインストリート」であり、1960年代後半にエマニュエル病院の拡張を理由に解体された後、資金不足のため40年以上もの間、空き地が大きく残っていた。

1950年代のノース・ウィリアズ通りは、歩いて回れる地元の繁華街であり、それは今日のノース・ウィリアムズ通りが意図しているところである。しかし違いもある。当時は、どんな労働者階級の人たちでも住むことができ、買い物ができるような地区であった。現在では、そのような近隣が、どんどんと高級指向になっている。ノース・ウィリアムズ通りでは、**モゾロスキ食品店**（Mozorosky Groceries）が**ニューシーズンズ**（New Seasons）に、**ミッドウェイ精肉店**（Midway Meat Market）が**チョップ・シャルキュトリ**（Chop Charcuterie）に、**デラックス理髪店**（Delux Barber Shop）が**アケミ・サロン**（Akemi Salon）にいかにして変化してきたのか？

この60年間、ノース・ポートランドは、人種差別や投資の打ち切り、怠慢と、その後に続く都市再生や急速なジェントリフィケーションによる影響を受けてきた。ウィリアムズ通りとミシシッピ通りがともに位置するボイジ地区は、多くの黒人で活気にあふれ、持ち家が大半のコミュニティであったが、荒廃した家々やギャングが活動する地区に変わり、さらには、子をもたない若い白人が、数少ない高級化する住宅を競って求める場所へと変化していった。

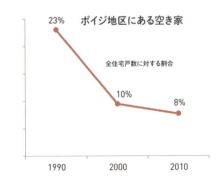

ボイジ地区にある空き家
全住宅戸数に対する割合

1996

2012

ノース・ミシシッピ通り

ノース・ミシシッピ通りは、ボイジ地区初の商店街であり、デベロッパーは成長の余地があるものと見なしていた。今日、不動産の評価額は、1990年代と比べて、90倍にもなったところもある。必然的に、地区の人口構成は劇的に変化してしまった。

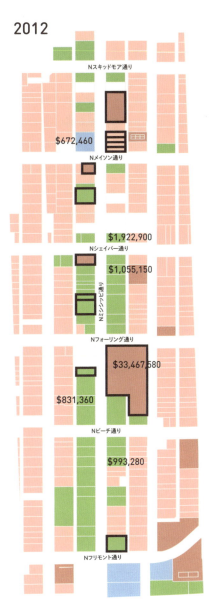

凡例：
- 商業地
- 工業用地
- 集合住宅
- 戸建て住宅
- 空き地
- 1996年以降に建設

人種構成およびエスニシティの変化

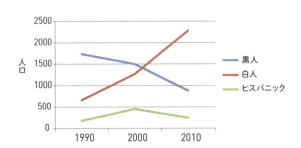

黒人／白人／ヒスパニック

住民の年齢構成の変化

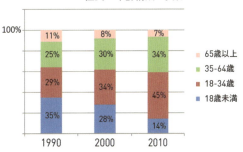

65歳以上／35-64歳／18-34歳／18歳未満

ソーシャル・リレーション 137

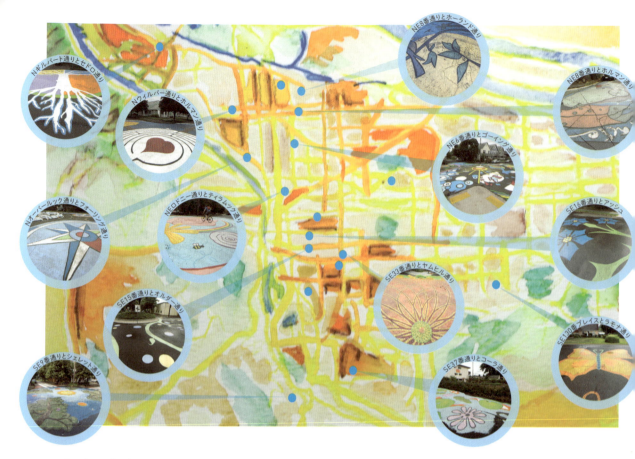

ストリートをアートで彩る

1996年、建築家のマーク・レイクマンは、彼がT-Howsと呼ぶ構造物をセルウッドの自宅の前庭に建てた。それは、小さなあずまやで、ティーバッグとお湯を備えておくためのものである。そこは近所の人たちが集まる場所になり、すぐに、地区の人たちによる食べ物を持ち寄ってのパーティーが、毎週、開催されるようになった。その違法な構造物は、ポートランド市に目をつけられたが、市はそれを取り壊すことを要求するのではなく、一時的な許可証を発行した。T-Howsは、1996年の夏の終わりに解体された。

これをきっかけに、シティリペアが提案され、その後に、T-Howsの代わりとなるコミュニティスペースを作成する目的で地区の集まりが催された。交差点をペイントし、掲示板と新しい小さなティーハウスを設けたシェアイット・スクエア（サウスイースト9番通りとシェレット通りの交差点）が初の成果となった。市当局は団体に出頭を要請した。これに関わった人たちの数名が、市と面会し、自分たちのプロジェクトが市の目標とどれほど合致しているかを丁寧に説明した結果、一時的な許可証が再び発行される運びとなった。

シェアイット・スクエアとその後のシティリペアの作品の多くにみられる活動や美意識は、部分的には、レイクマンの人生経験のなかで培われたものである。彼の父親である建築家リチャード・レイクマンは、ポートランドの計画局内の都市デザイン部門の創立者であり、ポートランドのパイオニア・コートハウス・スクエア建設の推進者であった。彼の母親、そして建築家兼理論家であるサンドラ・デービス・レイクマンは、自然光の特性と、イタリアの広場を主に対象とした古代集落の都市形態を研究していた。マーク自身は、旅行やネイティブアメリカンの習慣や伝統を学ぶことに長い年月を費やした。

シティリペアの次なる成果は、各地の公園に行って、寄付されたお茶や焼き菓子を提供する移動可能なT-Horseである。非常に多くの人たちがこのイベントに参加してくれた。アート・クエイクやラストサースデーなど、当時、コミュニティをベースに活躍する他の芸術活動とシティリペアとの間で多くの交流があった。このT-Horseは、最終的に、重量があり扱いにくいTea Palaceとなってしまったが。

こうした活動は、シティリペアに対する市民からの十分な支持に結

サウスイースト9番通りとシェレット通りの交差点にある路上ペイント

びつき、市は1998年、合法的に交差点をペイントするための申請手続きを規定した条例を通した。最初は、(半径)3ブロック圏内のすべての住民がそれに関与し、その90%の承認がなければ、許可が下りなかった。今日では、路面のペイント案に対して、そのプロジェクトに関係する市の2ブロック内の住民のうち、80%からの支持が得られればよくなった。

1999年、シティリペアは非営利団体となった。そのミッションには、クリエイティブで、環境の持続可能性を重視した公共スペースの再生といった場所作りの考え方が中心に据えられている。この団体は、公の政策を変えていくことや、その枠にとらわれない活動を通して、既存のグループと新たなグループの活動を互いに結び付けようとしている。

法的な許可申請手続きの開始によって、交差点ペインティングが、急増したわけではない。2001年、サニーサイド広場(サウスイースト33番通りとヤムヒル通りの交差点)が、交差点ペインティングの許可申請手続きに従った初のプロジェクトとなった。この頃、シティリペアは、誰でも入手しやすく参加しながら構造物を作る方法として、特にコブ[土とわらを練った家の材料]のような、自然素材の建材に関心をもつようになった。2002年に、ナチュラル・ビルディング・コンバージェンス(自然素材建築集会)がポートランドで開催された。翌年、ナチュラル・ビルディング・コンバージェンスは、第1回のビレッジ・ビルディング・コンバージェンス(村づくり集会;VBC3と呼ばれる)へと展開した。これは、サウスイースト・ポートランドのサニーサイド広場および**ピープルズ・フード・コープ**の周辺地区を拠点にした。同時に、市の持続的開発局は、自然素材建築プロジェクトと屋根の緑化に対する小規模な助成金を用意した。市は、シティリペアに対して、いくつかの事例プロジェクトを研究し開発するように依頼した。2004年に、VBC4がより広範なエリアで開催されたが、依然としてサウスイースト・ポートランド内に限定されていた。

それから数年のち、VBCの年次集会において、自然素材建築のプロジェクトや在来の食用植物の庭、持続可能な農業と文化を両立するパーマカルチャーに焦点を当てたプロジェクトが含まれるようになった。また、最初にインナー・イーストサイドの一部の地域で、それからウェスト・ポートランドに、さらにイーストサイドの外縁部に、そして郊外の複数の地点というように地理的にも拡大した。現在では、毎春10日間にわたり開催されるお祭りとなっている。この期間中、ボランティアたちは、市内のハンズオン・プロジェクトに参加することができる。夕方になると、食事や講演、地元ミュージシャンによる演奏がある。ポートランドでは、誰もが交差点ペインティングをいつでも企画することができるが、VBCの取り組みを超えて、交差点ペインティングが行われた事例は今のところない。

2013年5月25日土曜日、サウスイースト130番プレイスとサウスイースト・ラモナ通りの交差点では、VBCの一環で、路上がペイントされた。そのデザインは、本が蝶へと変化するものであり、しっかりとした教育の土台こそが、世界に飛び立つ術となることを示唆している。2歳児も10歳代の子どもたちも同じように、楽しそうにペイントしていた。

サウスイースト130番プレイスとラモナ通りの交差点での路上ペイント

VI. フードとドリンク

飲んだり食べたりすることは、日常生活の中での場所との関わり方を決める重要な要素である。そのことは、ポートランドにも、もちろん当てはまる。料理の地域的な多様さは、それぞれの場所の特色となる。ポートランドの環境は、1年を通じた栽培や多品種、100マイル・ダイエット［自宅から半径100マイル［約161km］内で生産された食材で生活すること］を広めている。有機栽培に、地元でとれた食材、ジェームズ・ビアード賞を受賞したシェフ、爆発的に増えるフードカートは、食通たちの安住の地として、ポートランドが高く評価されていることの表れである。特に、ニューヨーク・タイムズ紙は、ポートランドとそのグルメが大のお気に入りのようである。

ポートランドは、こだわりをもった食品や飲料の生産が、まさにブームともいうべき時期にある。様々なエスニックグループの人たちが特別に多いわけではないが、市内には世界中のあらゆる場所の料理が見受けられる。コーヒーとビールは、いずれも高い評価を得ており、非常に人気がある。うんちくを偉そうに語るコーヒー好きやビール好きもとても多い。サーモンよりも豚肉の方が、美味しくて人気があって最適なタンパク源として好まれているようだ。アイスクリームのフレーバーとして、バルサミコ酢やゴルゴンゾーラ、洋梨は、ここではありふれたものとなった。

しかし、誰もがラベンダーで香り付けされたフレンチドレッシングがかけられた、イラクサ入りのケールサラダを食べているわけでもない。みんなが、ていねいに1杯ずつ淹れられた地元ブランドのコーヒーを飲んでもいない。食通の人たちは軽蔑するかもしれないが、ポートランドには、チェーン店もたくさんある。スターバックスにマクドナルド、サブウェイは、人気があって、どこにでもある。ポートランドのアメリカ料理は、多くの点で他の場所と変わりはない。さらに、ポートランドには、毎日の食費を賄うことさえ苦労する人たちが結構多い。そうした家族や個人にとっては、食費を節約することが何よりも優先される。

この章では、ポートランドの料理や飲み物の世界をのぞいてみよう。

ある日曜日

週末の朝、ポートランドで決まってあること。どんなに天気が悪くても、みんな、ブランチを取るために2時間ぐらいなら外で並んでいる。ブランチに惹かれる理由は色々あるけれど、何よりもまず、どれだけ午後遅くなったとしても、テーブルにつけば朝食をとれることが、暗黙の了解としてある。じゃ、ブランチって何かと言うと、本当のところ、5ドルを追加で払ってまで列に並んでとるような朝食にすぎないけれど。

スクリーン・ドア（Screen Door）のフライドチキンとワッフルか、**パイン・ステート・ビスケット**（Pine State Biscuits）で、このあたりでは評判のレギー[フライドチキン、ベーコンとチーズをサンドしたホットビスケットにグレービーソースをかけたもの]のために長時間、列に並ぶことは、ある人たちにとっては名誉なこととなる。そして、定番メニューに飽きたなら、旬の地元食材に敏感なポートランドの人気レストランが、おなじみのメニューを飽くことなく斬新にアレンジして楽しませてくれる。

ブランチの列は、ポートランドの人たちのことや、ここが西海岸であることを教えてくれる。列に並ぶということは、社会の一般的な階層関係がシャッフルされ、名簿に書かれたグループの名前順で、その関係が再定義されることである。それに、おそらく、列にいること自体が、社会的な目印である。つまり、朝食に3時間半も費やす人であることを告白していることになる。

しかし、ポートランドのブランチの列というのは、大衆文化に見られるヒップスターが誇張された、この街のありがちな評価に可哀想なほどに耐え続けている。証言A：ブランチの列に並ぶことは、『ポートランディア』のシチュエーション・コメディーにおいて、ほぼ毎週のようにパロディ化されている。それに、ポートランドの多くの人にとって痛いところを突かれた皮肉として、「白人が好きなもの」リストの第36番目に朝食の場所がランクインしているのだ。このランキングには次のような注意書きがある。「朝食の場所に遅れてきた場合、ビーガン用のパンケーキとエッグベネディクト、ワッフル、もしくは贅沢なフレンチトーストが欲しくて待ちきれない白人と一緒に長時間、列に並ばなければならないかもしれない。白人の人たちにとっては、これ以上にない土曜日の朝の過ごし方ではあるが。」

テーブル1

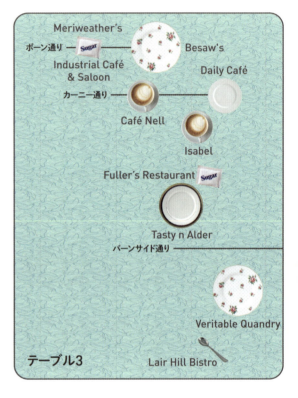

テーブル3

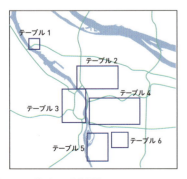

日曜日のブランチの席の待ち時間

2時間　　1時間　　30分　　　　　　待ち時間なし

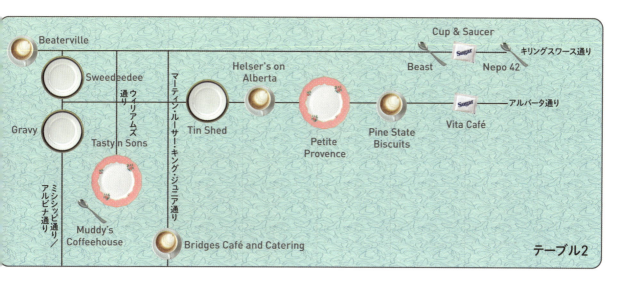
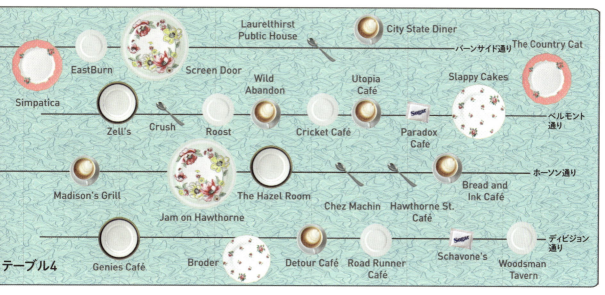

フードとドリンク 143

フードカートの地図（フード・カルトグラム）

ポートランドの食文化の中でも、知名度が高く、とても人気があるのは、フードカートである。それがいくつか集まる場所を、ポッドと呼んでいる。フードカートの全容を地図化することは不可能である。そもそも可動式であり、カートは、ポッドからポッドへと定期的に移動する。さらに、カートはいつでも営業を始めたり、休業したりできる。右に示す地図は、2012年と2014年の2年間のデータを使って、オルダー通りにおける、このようなダイナミックな変化を表現している。

フードカートの魅力は、好きなときにポッドに寄って、全米各地や世界各国の色々な料理を選ぶことができる点にある。このことから、市内にあるカートの場所を地図化するのではなく、ポートランド市内のフードカートの料理の本場を地図化すると面白いのではないかと考えてみた。

そこで、データをカルトグラムで表現することにした。この地図は、一般的な出版物ではあまり見かけないスタイルだ。国のサイズを、国の面積で表現する代わりに、各国発祥の料理のフードカートが、ポートランド市内に何台あるかで表現した。ここでは、国は、国境線の形状ではなくて、正方形で表現されている。ポートランドのフードカートの中でも、（アメリカに関係する料理以外で）メキシコとタイの2カ国の料理が最も人気があるため、両国の正方形が最も大きくなる。

もう一つのカルトグラムは、アメリカ国内の特定地域の料理に関するカートを表現している。今回の調査では、どこにでもあるハンバーガーとホットドッグ、ピザのカテゴリーを除くと、バーベキューと南部料理のカート数が最も多かった。

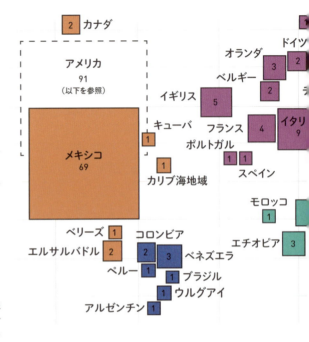

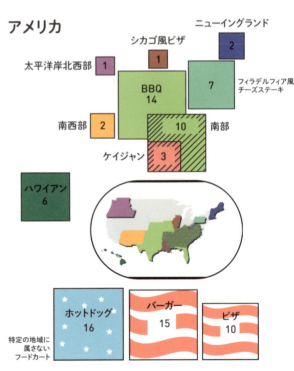

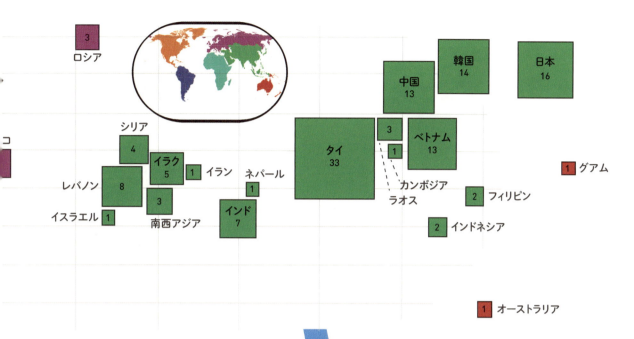

10番＆オルダー・フードカート・ポッド

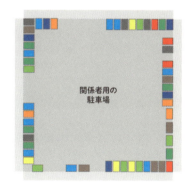

フードカートのポッドは、ウィラメット川のどちら側に位置するかによって、その形態が大きく異なっている。川の西側では、ポッドは歩道に面して、駐車場の縁に沿って並んでいる。オルダー通りのように市の中心部にあるポッドは、種類豊富な屋台フードを提供するが、座って食べるための場所がほとんど用意されていない。通常、ポッドは、昼休みにランチを買い求める人たちを対象としており、そうした人たちはオフィスに戻るか、歩道の縁石で食事をしなければならない。

川の東側では、ポッドはやや小規模になるが、より気楽に交流できるような配置となっている。こうしたポッドは、休日にその場で食事ができるところを探している客を対象としている。カートは内向きに配置され、東岸のポッド内には、車を駐車する代わりに、座席や植木鉢が置かれ、子供のための遊び場が用意されている。最も重要なのは、東岸にあるいくつかのポッドには、小さなビアガーデンも設置されている点だ。

グッドフードヒア・フードカート・ポッド

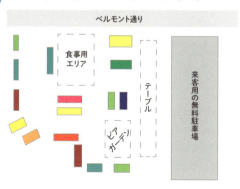

フードとドリンク　145

エールの淡い陰影

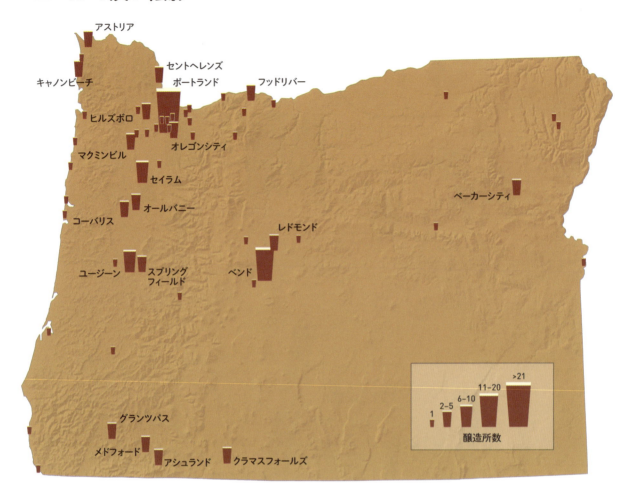

オレゴン州は、ビール好きのためにあるようなものだ。70の異なる都市に220以上の醸造所が立地しており、オレゴン州は、1人あたりの醸造所が、アメリカ中で最も多い州である。クラフトビールが驚くほど人気で、オレゴン州は、クラフトビールに支払った金額の割合でも全国で第1位である。オレゴン州で消費されたビールの約20％および生ビール全体の53％が、州内で生産されたものであった。

オレゴン醸造所組合は1992年に非営利組織として結成された。この組合は、ワシントン大統領誕生日の週末に、ツヴィッケルマニアと呼ばれる州内の醸造所のオープンハウスを企画している。このイベントの名前の由来は、品質管理用にビールをサンプリングするため、発酵タンクの側面には蛇口が取り付けられているが、業界では、それをツヴィッケルバルブと呼ぶところから来ている。このイベントは、一般の人たちとクラフトビールの生産者との交流を目的に企画されており、オレゴン州内の多くのクラフトビール産業の特色である地元志向の一例である。こうした地元志向は、数え切れないほどのビールフェスティバルやテイスティングに表されているばかりでなく、その他の様々なところでも見受けられる。たとえば、ポートランド在住のアーティストは、「歩いてビールを作ろう」というプログラムを実施している。このプログラムは、醸造者をハイキングに連れて行き、道中で、食べられる植物や野生の酵母菌を採取し、その旅からインスパイアされたビールを、そうした材料を使って作る企画である。

ポートランドは、醸造所直営パブやビール文化で有名であり、その点で高い評価を得ている。ポートランドには56の醸造所があり、その都市圏内には76ある。これは世界中のどの都市よりも多い。ポートランドは、クラフトビールに使う金額の割合が、アメリカの中でも最も高い。オレゴン動物園協会は、動物園で飲もうと呼ばれるビアフェスティバルのイベントを開催していた。自家製ビールの愛好家団体はいたるところにある。アイスクリームにもビールを使うのだ。そう、ポートランドの人たちは、ビールのことをとても大切にしている。

ポートランドのビールの歴史は、ドイツ人移民であるヘンリー・ウェインハルドがこの街に来たところから始まる。彼は、1856年に、自身の名字を付けた醸造所を始めており、19世紀末にはカスカディア地方で最も大きな醸造所となった。その醸造所は、135年間操業し、1999年に幕を下ろした。それまでには、ポートランド・ビールにかかわる様々な技術がすでに地域に根付いていた。

今日、醸造所は、地元の材料を追及したり、地元の濾過されていない水の重要性を強調したり、生産品に地元の地名にまつわる名前を付けたりしている。農場からグラスに至るまでの一元管理や季節の材料を使うことが、ポートランドの醸造方法のこだわりポイントである。あらゆる工程に気を配っているのだ。ビールを理解するには様々な要素があるけれども、色と味の2つが最も重要であり、これについては数ページを割いて説明する。それとあわせて、次のページには、街の名前が冠されたビールを、それぞれのビールの色とともにリスト化した。

色味

ビールは、ほぼ決まって透明のグラスに注がれて提供される。それは、色がビールの味わいを感覚的に知るために役に立つからだ。一般的に、色は、そのビールがどんな味であるのかを示す最初の目安となる。どのビールを注文するかを決める際は、ライトとダークのどっち、といった質問からたいてい始まる。

ビールの色は、ビールを作る際に使われる麦芽によって大きく決まってくる。麦芽の種類と醸造時間の両方が鍵となる。麦芽の色が濃く、より時間をかけて加工するほど、ビールも濃くなる。

ビールの色を議論する際に、世界中で使用される専門的な手法が数多くある。1880年代、イギリスで開発された色スケールであるロビボンド度では、ビールの色と色見本帳が対比される。20世紀中ごろには、ヨーロッパ醸造所協議会から分光システムが提案された。より現代的な標準参照法では、ビール1センチを通過する光の量を、測光器を用いて測定している。しかし、ポートランドでは、いずれのスケールとも広く使われていない。普通は、ビールの色を単に比較して説明する。「このポーターは、スタンプタウン・エスプレッソ・スタウトよりもさらに濃い！」だとか、透明度の比較には、「見て、このラガーは、向こうが透けて見えるほどライトだよ！」といった具合に。

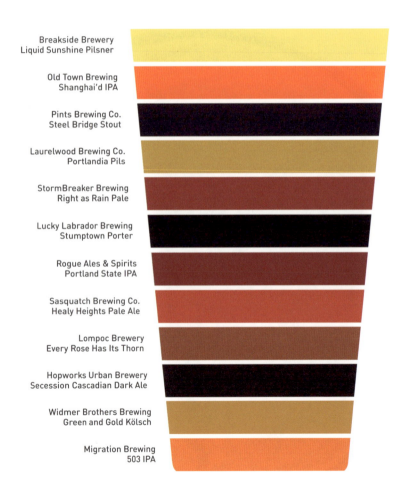

苦味

歴史家によると、ビールは9000年から12000年ほど前からあるが、ホップを加えるようになったのは1200年ほど前、北フランスにおいてである。そこに残る記録には、醸造に初めて野生種のホップが利用されたことが記されている。おそらく同じ頃、ホップはバイエルンで栽培されるようになった。ホップは、本来、主に医療目的で収穫されていた。

今日、ホップはポートランドの醸造業において、最も大切な存在である。当然ながら、オレゴン州は現在アメリカにおいて2番目に多くのホップを生産しており、その5倍以上を生産するワシントン州に続く。しかしながら、ワシントン州には、その重要な醸造の材料にちなんだプロ野球チームは存在しない。オレゴン州のポートランド都市圏には、ヒルズボロ・ホップスと呼ばれる、アリゾナ・ダイアモンドバックス傘下のマイナーリーグのチームがある。

オレゴン州で1番のホップ種は、ナゲットやウィラメット、カスケードで育てられる。夏の終わり頃が収穫時期であり、各地で開かれる数々のホップ祭りによって早秋の到来が告げられる。ウィラメット・バレーではホップがよく育つので、醸造所は、飲める限界ぎりぎりまで苦味を高めたインペリアル・インディア・ペールエールを競い合って生産している。同様に、ボトル内の究極のホップ度合いを正確に表現するための言い回しは、理解できるぎりぎりにまで達している。例：**ベースキャンプ醸造所**のホプタスティック・ボヤージュ (Hoptastic Voyage)、**サスカッチ醸造所**のドロップ・イット・ライク・イッツ・ホップド (Drop It like It's Hop'd)、**ローレルウッド**のオーダシティ・オブ・ホップス (Audacity of Hops)。

もう一つ、地元でも人気があるホップが強いものは、カスカディアン・ダークエール（またはブラックエール）である。地域内でも様々な銘柄が生産されており、そのうちの一つのラベルには、場所へのアイデンティティが表されている。**ホップワークス・アーバン・ブルワリー**は、ダグの木とカスカディアの輪郭がボトルに記された自社のものを、セセッション（分離独立）・カスカディアン・ダークエールと呼んでいる。色は黒く、IPAと同じくらいホップが強いカスカディアン・ダークエールは、1990年代に登場したばかりだ。

ビールの相対的な苦味を計る国際的な認証基準として、国際苦味単位(IBU)のスケールがある。色の分類法と異なり、ポートランドの人たちはIBUのシステムを取り入れているようだ。人気のあるホップの苦味がきついビールを深く楽しみたいにしても、別のものを選びたいにしても、こだわりの強いポートランドの人たちの参考となるよう、市内のバーやパブでは各ビールのIBUを表示している。

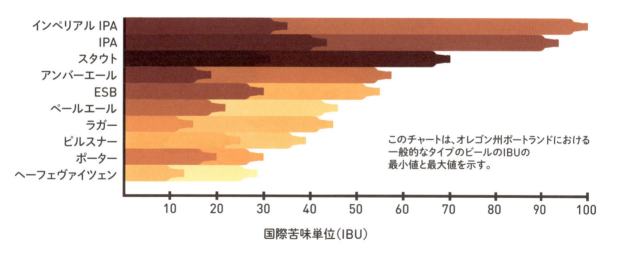

このチャートは、オレゴン州ポートランドにおける一般的なタイプのビールのIBUの最小値と最大値を示す。

ラージサイズのマグカップに入った、スキムミルクのハーフカフェインで、フォームミルクを追加したスモールサイズの熱めのキャラメルカプチーノ

独立系のコーヒー店からの距離
（マイル）

.25　1　2　3　4　5　6　7

スターバックスコーヒーの位置

● 直営店
● ライセンス店

ポートランドのコーヒーハウスは、落ち着いた雰囲気のインダストリアルなイメージがある。その内装の感じは、レトロ・モダンと無造作で古びた感じの中間ぐらいである。アメリカの他地域では「企業の行き過ぎた画一感」を感じてしまい、そのような文化から逃れてきた人々（文化的難民）をそうしたお店は受け入れている。

市内にあるコーヒー店の分布を詳しく見てみると、コーヒー店の非常に多様な文化やそれらが集中している地区があることがわかる。病院や警察署の隣にあるコーヒー店では、退職した人がコーヒーを飲んでいる隣で、子どもが学校に行っているつかの間の自由にある若い親たちや、犬を散歩させている夫婦がいる。他店よりも多くの警察官や病院関係者が、この店では休憩している。別の場所では、麻の財布と今日の星占いが、レジの前に目立つように掲示されている。また別の地域では、隣にいる夫婦は、あなたが初めて購入した自家用車よりも高いベビーカーを持っている。

これはポートランドらしい一つの例に過ぎない。市の東側と西側にあるグレシャムやヒルズボロにあるお店では、より様々な客がいる。会話をしたりコミュニティに参加したりするために、人々が街中で集まる場所、という点が、**スターバックス**を含むすべてのコーヒー店に共通する特徴である。アメリカは、「コーヒーを1杯どう」という問いかけが、その通りにコーヒー 1杯だけを意味するようなところではない。それは、「座って、おしゃべりしたり、うわさ話をしたり、仕事や日常生活であったことをお話ししませんか？」という意味である。ポートランドでは、1人で仕事をする際にコーヒー店でただパソコン画面をじっと見ているのではなく、お互いに話しをしたり、周りの様子を観察したりしながら仕事をするような価値観が大切にされているのだ。

ポートランド向けのコーヒーの供給元

左の地図には、ポートランドのコーヒー店の日常風景が示されるとともに、地元コーヒー文化の重要な特徴が浮かび上がってくる。ここに掲載される場所の中には、高級レストランのワインリストによく似たコーヒーのメニューがあるお店が数多く点在している。そのメニューには、コーヒーの加工方法や種類のほかに、コーヒーの味の解説文に「バターのような」や「グレープフルーツ」、「オリーブ」、「ラズベリー」があったり、生産国（エチオピア、コスタリカ、ホンジュラス、インドネシア）や、ときには生産された農園までもが、メニューやラベルの情報に含まれていたりする。地元のコーヒー豆店のウェブサイトには、生産者の顔写真や簡単な経歴、コーヒー豆の収穫や焙煎に関する詳細情報、様々なコーヒーの淹れ方に関する想像以上に豊富な情報（エアロプレス、ケメックス、フレンチプレス、モカ、メリタなど）が紹介されている。それに、コーヒーテイスティングや各地の「利きコーヒー」に、バリスタの大会もあり、スターバックスが創作したものではない、本場イタリアのマキアートを作れる本格的なエスプレッソ職人がいる。このような取り組みの多くは、コーヒー消費を「地元」産品として作り上げるためである。ただし、そのようなことは、完全に無理とまでは言わないが、アメリカにおいては非現実的ではある（もちろん、ハワイは除く）。とはいえ結果的に、一般の人たちが（多量のカフェイン漬けでなければ）よりちゃんとした知識をもつことになるし、「コーヒーを1杯どう」と言って、社会的な刺激を求めてみんなが集まれるスペースを数多くもたらしてくれる。

フードとドリンク 151

できることからしよう。
私はビーガンになる。

ポートランドには、食事に気を配ったり（ロー・ビーガン）、企業への妨害や動物の権利を訴える運動に参加したり（動物解放戦線）、環境に配慮したり（ポップ・ビーガン）するようなビーガンの文化や団体が数多くある。ビーガン主義は、幅広い。革のジャケットを着て、私はビーガンと言う人もいるし、蜂蜜が含まれたパーソナルケア製品を使っている人もいる。より厳格なビーガンは、「顔のないもの」ルールに忠実に従い、酪農や食肉産業の両方を避けている。

この地図が示すように、ビーガン・ビジネスは市内全体に分布するが、都心部とサウスイースト・ポートランド中心部に明瞭なコアがあるようだ。北部や東部でも、明らかに増えてきている。ポートランドでビーガンになることは簡単である。ビーガンの食の選択肢は非常に多く、レストランや食料品店、ファーマーズ・マーケット、それに「フード・ファイト！」と呼ばれるビーガンに完全対応した食料品店まである。これに加えて、クルエルティフリー［動物の権利に配慮した加工品］の選択肢が、ヘアカットやタトゥーから、衣類や化粧品に至るまで揃っている。ソーシャル・メディアやウェブサイトでは、定期的に、ビーガン向けの新しいレストランや地元製品のレビューが更新され、毎週開催されるイベントには、バーでの飲み会を目的にビーガンが集まり、動物の権利を訴えるための5キロのランさえもある。地元産でこだわりのあるビーガン製品も多く出回っている。たとえば、「動物のためのビーガン」のようなフレーズがプリントされた手染めの衣服や、カシュナッツを原材料にした「チーズ」、ビーガンの価値観を投影したアート作品は、一般的な食料品や地元のお店でも見つけられる。

環境の価値や人権は、ポートランドの文化に不可欠だ。あらゆる場面で持続可能性を重視するところに、それが表れている。都市計画に始まり、自宅でのリサイクル、そして発展途上国の労働者を搾取する工場ではなく、地元で作られる衣類、さらには、恵まれない人たちを支援する目的で住民の署名を路上でお願いする人たちにまで広がる。こうした価値観は、ポートランドのビーガン主義にも関係してくる。ビーガン文化は、食物連鎖でより下位のものを食べることで環境保全上のメリットを促進したり、地元のビーガン・ビジネスを支援したり、さらには、大量生産され輸入された製品よりもハンドメイドの製品を推奨したりすることで、このような理想を取り入れてきた。草の根的なビーガンからグローバルな変化が生じつつあり、ビーガンでない人たちにサービスを提供している従来の飲食業界もこれに関心を寄せている。ビーガンであることは、ポートランドのステレオタイプだけれども、これはいいように考えれば、ビーガン文化が発展することで、ポートランドの文化も発展していくということだ。そうすれば、ビーガン主義がポートランドをよりポートランドらしくさせる、新たな要素であると言われるようになるだろう。

Proper Eats
The Parlour—St
Food Front Cooperative Grocery
Casa Diablo Strip Club
The Clearing Café
Swagat Indian Cuisine
Lush
Falafel House at Slabtown

オールドタウン／チャイナタウン／パール地区
Backspace
Vegetarian House
Los Gorditos
Prasad
The Tube

ダウンタウン
Voodoo Doughnut
Uni-Cart
DC Vegetarian
Departure Restaurant + Lounge
Veggie Grill
Sonny Boy
Shelley's Garden Burritos
Sizzle Pie
Petunia's Pies and Pastries
Wolf and Bear's
Bombay Chaat House
Loving Hut Vegan Cuisine

ポートランド州立大学
Tandem Treats
Food for Thought Café
4th and Hall Food Carts

農場から市場へ

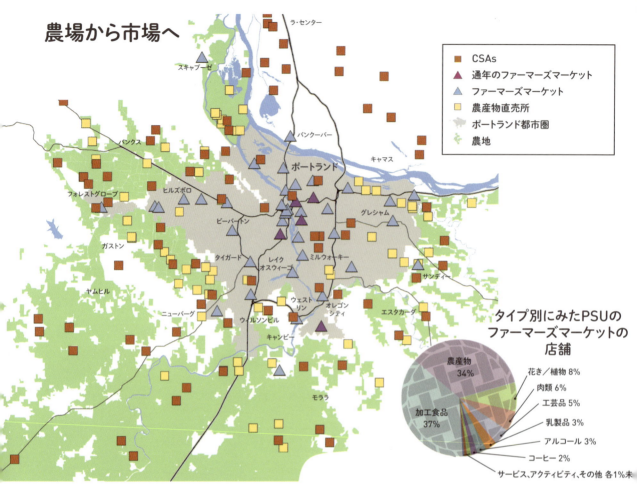

「地元のものを食べよう」は、特定の文化や経済グループ、特に、それによって社会的、環境的使命を達成できると考えているような人たちの間でのスローガンとなってきた。アメリカでは多くの人たちが、まだ明確に定義されていない「地元」内で生産された食品をできるだけ購入しようと努めてきた。しかし、依然として、何が地元のものなのかを定義することは難しい。市場から50マイル［約80km］以内で生産されたものか、または200マイル［約322km］か。また、社会や環境上の利益も直感的なものでしかなく、正式な調査報告があるわけでもない。それにもかかわらず、この運動が、北アメリカにおいて、食の購入や消費のランドスケープを大きく変えたことは明白である。ポートランドは、このような考え方を積極的に受け入れてきたのだ。その証拠に、沿道には、トマトやブロッコリー、豆、前々から人気があるケールが植えられた上げ床式の花壇、コミュニティガーデン、それに側庭の鶏小屋や全面的に家庭菜園となった前庭が、街のあちこちで見受けられる。市内外で、ファーマーズマーケットが非常に多いことからも、地元経済に貢献したいと思う人たちが、目に見えて増えていることがわかる。ポートランドには、ほぼすべての

地区にファーマーズマーケットがある。夏期には毎日のように開催されており、いくつかは年間を通じて運営されている。したがって、ファーマーズマーケットは、市の重要な社会的、文化的、経済的な基盤となっている。

この地域のネイティブアメリカンは、数千年もの間、地元のものを食べてきた。ガーデニングや農園の慣習を持ち込んで来た初期のヨーロッパからの開拓者たちも同様に、自分たちで生きていかなければならなかった。つまり、地元のものを食べることが唯一の選択肢であった。商業的な農業は、開拓者たちが、サンフランシスコ湾岸エリアやカリフォルニアのゴールドラッシュに出荷する小麦栽培を始めたのが最初である。農業は、オレゴン州のみならず、ウィラメット・バレー全域やポートランド都市圏に含まれるワシントンとクラッカマス、ヤムヒルで盛んで、この3つの郡は、農業生産額で上位10位以内に入る。都市圏のファーマーズマーケットに出荷する農家は、市街地のすぐ外側にまとまってある。これによって、市街地に近いところで農業景観が維持されてきた。さらに州の土地利用計

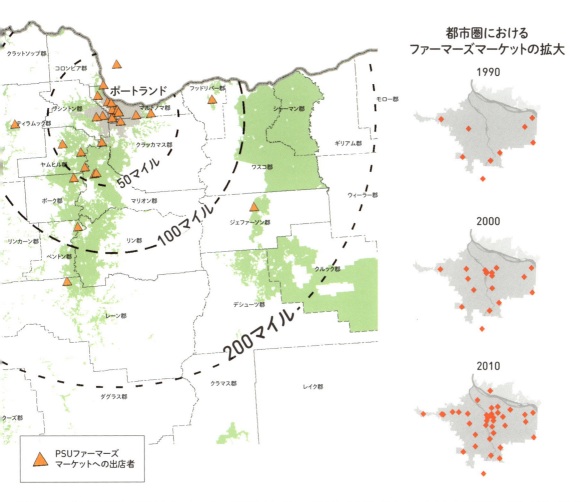

画法で都市成長境界線に指定されることで、それが促進されることとなった。

ファーマーズマーケットのイメージからは、農場のイメージが必ずと言っていいほど連想されるが、マーケットで販売されるものの多くは生鮮食料品ではない。つまり、生鮮食料品を購入する以外の目的で、マーケットに行くこともよくある。マーケットは、パンプキン畑での収穫もしくはコーン畑に作られた迷路のような、都市的なアグリテインメント［農業とエンターテイメントの組み合わせ］である。焼き菓子・パン類を始め、加工食品、コーヒー、工芸品が、一般的なマーケットにあるスタンドの50%近くを占めている。それぞれのマーケットでは、販売される商品の割合を調整している。たとえば、ポートランド市内のマーケットを管理するポートランド・ファーマーズマーケット組合では、工芸品の販売を認めていない。また、いくつかのマーケットは明らかに近隣のみを対象とし、小規模で控え目である。一方で、PSUのキャンパス内で開かれる最大規模のポートランド・ファーマーズマーケットは、ヒップなカウンティ・フェアのように思えることがある。ミシガンやウィスコンシンから最近引っ越してきたばかりのひたむきな30代や、豪華なペイストリーと花束を買うためにちょうどコンドミニアムから出てきた身なりの整った60代の人たちが、同じ場所に一緒にいるのだ。

ポートランドや国内でのファーマーズマーケット数の急速な増加によって、好ましい効果が多くもたらされている。そのような効果とは、地元の農家を支え、都市近郊の農業景観の保全に役立つこと。新たな担い手として不可欠な若い世代が農業に従事するようになること。野菜のことや、自分たちの身の回りの食べ物が驚くほど多様であることに関して、より深く知り理解できること。自分で料理することを促すこと。そして、「地元のものを食べる」ことが唯一の選択肢であった時代に対して、ファーマーズマーケットが、時として都市の文化エリート層のみに許される手の届かない場所となってしまった現代に、そこにある理想的な価値観と経済的な現実の溝を埋める役割もファーマーズマーケットに期待されている。

フードとドリンク 155

フードチェーン店：外での食事

ポートランドに対する食通の評価は、その多くが飲食店に向けられている。ポートランドにある飲食店の地理的分布を詳しく見てみると、いくつかの興味深いパターンがわかってくる。ある部分は、ポートランドのグルメ好きな文化に当てはまるけれども、全くそうではない部分もある。

誰も驚かないだろうが、統計によると、ポートランド市は、都市圏の中で飲食店の密度が最も高い。このうちの多くが、個人経営の飲食店か地元のチェーン店である。しかし、そのすべてがポートランド発祥というわけではない。全国や地域レベルのチェーン店も数多くあるが、**マクドナルド**のようなファストフードと、**アップルビーズ**のようなファミリーレストランの分布には興味深い違いがある。

ポートランドは、グルメ好きなその典型的なイメージとは裏腹に、地域内にファストフード店の密度が高い場所がある。市内にある店舗の25%以上が**サブウェイ**である。2番目に主要なファストフード店はマクドナルドであり、市内のファストフード店の約8%を占めている。ポートランドにおいて、ファストフード店は、市の中心部とロイド地区、それに82番通り周辺に最も集中している。下の地図からは、ポートランド市内に限定するとファストフードの空白地域はほとんどないことがわかる。ポートランドの西部に位置するビーバートンやタイガード、ウィルソンビル、それに東部に位置するグレシャムにおいても、ファストフード店の密度が高いことわかる。

ポートランドではファミリーレストランのチェーン店がある場所は、相対的に限られている。そうしたレストランは、市の中心部のモールと**ロイドセンター・モール**、**モール205**付近のみに集中している。ポートランド市外では、ファミリーレストランは、より広く分布している。ファミリーレストランの項目に掲載される分類を調べてみると、おそらく、都市圏全体と比較してポートランド市でより高い割合になるのは、**デニーズ**や**アイホップ**、**シェリーズ**、**エルマーズ**といった朝食がとれる場所になる。

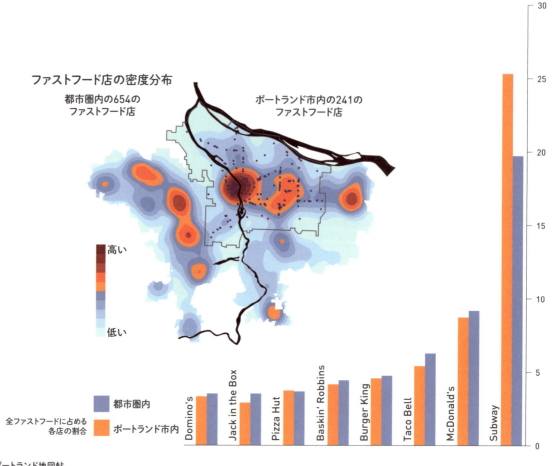

ファミリーレストラン店の密度分布

都市圏内の119の
ファミリーレストランチェーン店

ポートランド市内の39の
ファミリーレストランチェーン店

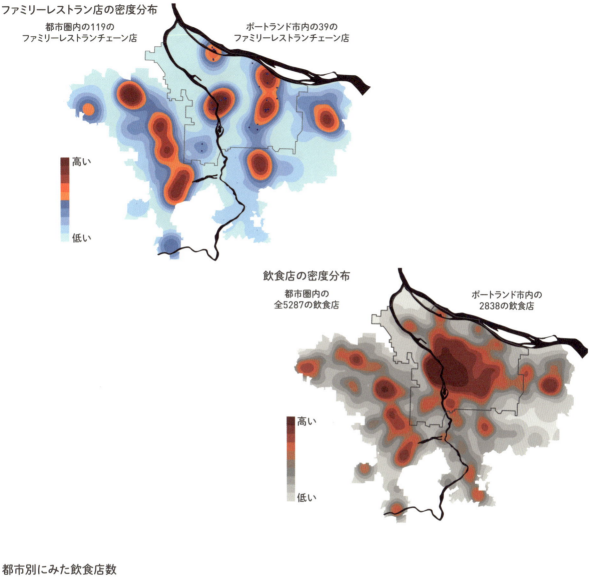

飲食店の密度分布

都市圏内の
全5287の飲食店

ポートランド市内の
2838の飲食店

都市別にみた飲食店数

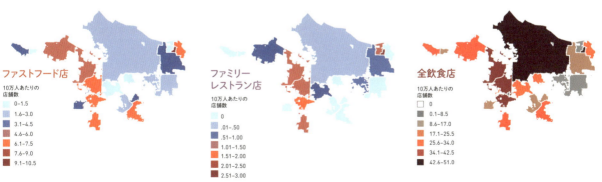

フードとドリンク 157

食の蜃気楼（フード・ミラージュ）

ポートランドには、一般に定義されるようなフード・デザート［食の砂漠：生鮮食料品が近くで買えない地域］は、ほとんど見られない。食料品店は、市内に適当に分布しているが、すべての食料品店が同じわけではない。店舗によって、かごの中身が同じでも、100ドル未満となる場合もあるし、200ドル以上となる場合もある。店舗は価格帯別にかたまって分布しており、都市の中心部でより高く、周辺部に行くほど安くなる。食の蜃気楼とは、近隣に、中価格から高価格店のみが立地し、低価格店が遠く離れている地区のことを表す。そのような地区は、所得が低い住民にとっては、フード・デザートと同じくらい問題となる。貧しい家庭は、高級な食料品店が徒歩圏内にあっても、購入できる値段の生鮮食料品を得るためには長距離を移動しなければならない。食の蜃気楼があると、ちゃんとした食べ物が近くにあっても、経済的に手の届かない状況になる。飢餓と食の不安定さの根本には、所得格差がある。低所得世帯が新鮮な食べ物によりアクセスしやすくするためには、所得分布をより平等にするような変化か、生鮮食料品のコストを下げることが求められる。低所得世帯を対象とした食へのアクセスの改善対策において、支払い能力を無視するべきではない。

食の蜃気楼は、最も近い食料品店ではなく、最も近い低価格店にたどり着くまでに移動しなければならない距離に基づいて測定される。このような指標に基づくと、市内の大半が、低所得世帯にとって食の蜃気楼となる。

価格チェック

手頃な価格の食料品とは何であろうか。その答えは、収入によって変わる。この調査では、低所得世帯（貧困ラインの130％以下）の生鮮食料品の費用負担について調べている。低価格店では、低所得世帯の月収の約30％以内に生鮮食

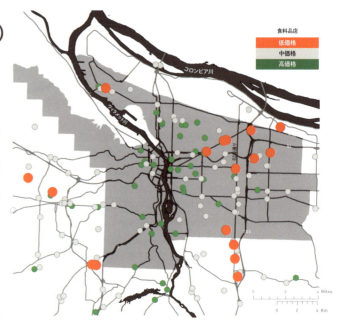

	西部	東部	
食事と収入		82番通りより西側	82番通りより東側
SNAP（食費補助）の受給	6%	13%	20%
国勢調査区別にみた貧困率の最大値	52.1%	35.1%	35.4%
平均世帯収入	$70,000	$53,000	$43,000
最も近い食料品店（マイル）	0.9	0.5	1.0
食の蜃気楼の距離（マイル）	3.5	1.6	1.1

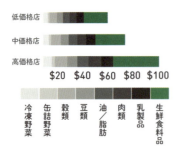

何が店舗をお手頃であると思わせるのか？
主に生鮮食料品の価格である。

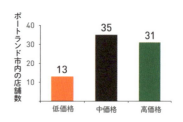

低価格の店舗は充実しているのか？
都市部ではそうでない。

料品費が収まる。高価格店では、標準的な低価格店よりも、その価格が140%も上回る。深刻な貧困にある世帯は、購入可能な食料品を得るために、最も長い距離を移動しなければならない。

食の蜃気楼は、ジェントリフィケーションと関係しているだろうか。統計からは、これは正しいと言える。いくつかの混住化が進んだ地区でも食の蜃気楼が発生しているが、ジェントリフィケーションが生じた東部の地区では、食の蜃気楼の距離がより長くなる傾向にある。ジェントリフィケーションによって、低所得世帯は、食料品店は多いが購入できるものがない中心部付近の地区から、価格は安いが食料品店が少なく距離も遠い周辺の地区へと追いやられている。

食の蜃気楼は、貧困と関係しているだろうか。統計をみると、これは正しくないと言える。ポートランドの西部は、その中心部に最も深刻な貧困があるが、全体的にはより裕福である。東部では、貧困世帯は空間的に分散しており、食環境も多様なところに住んでいる。貧困世帯の83%が、低価格の食料品店から1マイル［約1.6km］よりも離れたところに住んでいる。

最も近い低価格の
食料品店までの距離

ポートランド市平均 **2.5マイル**

最も近い
食料品店までの距離

ポートランド市平均 **0.7マイル**

食の蜃気楼の
距離

ポートランド市平均 **1.8マイル**

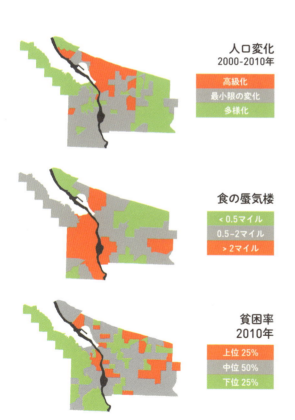

人口変化
2000-2010年
- 高級化
- 最小限の変化
- 多様化

食の蜃気楼
- < 0.5マイル
- 0.5-2マイル
- > 2マイル

貧困率
2010年
- 上位 25%
- 中位 50%
- 下位 25%

国勢調査区別の距離
< ½ マイル　½-1 マイル　> 1 マイル

フードとドリンク 159

VII. ポップカルチャー

ポップカルチャーは、平凡な人々の日々の営みである。似たライフスタイルをもつ人々の集まりは、特定の場所に縁のあるサブカルチャーを生み出す。音楽はわかりやすい例で、ニューオーリンズはジャズ、デトロイトはソウル、ナッシュビルはカントリーミュージックで知られている。ポートランドは、特定のサブカルチャーで有名ではないが、多種多様で、大概は個性豊かで独特なサブカルチャーの宝庫である。サブカルチャーこそが、「風変わりであれ("Keep Portland Weird")」というポートランドのスローガンを生み出し、意味付けている。ポートランドには、実に様々なサブカルチャーが存在し、住民やここに滞在する人々の幅広い興味や生き方を物語っている。難しい市議会の政治に興味のない読者にとって、流行りのサブカルチャーは、ポートランドという市を理解するためのもう一つの方法である。

深刻な雇用不足という周知の事実にもかかわらず、多くの人々がこの街に引っ越してくる大きな理由にはサブカルチャーの豊富さがあると考えられる。人々は、雇用機会が多いからではなく、ポートランドは良いところだからという理由で越してくる傾向がある。あなたの好きなサブカルチャーが何であっても、大多数のポートランド住民は、もうすでにそれを楽しんでいるだろう。そして、おそらく彼や彼女らは、もうすでにそのサブカルチャーにはまっている。サドルの高い自転車、ローラーダービー、キックボール、ドッジボール、自家醸造、ヤーンボビング、アルティメット、アフリカの民謡に合わせたドラム、バルカン半島と東ヨーロッパのフォークミュージック、ドラゴンボート、スクラブル競技がある。ポートランドには、それぞれのサブカルチャーに没頭できる場所がある。西海岸の多くの場所と同様に、ポートランドの人々は、生計を立てている職業ではなく、楽しむためにしていることで自分たちを紹介することが多い。その結果、人々は楽しいことに本気で取り組んでいる。サブカルチャーは、街とつながる一風変わった方法と言える。

またポートランドは、これら多くのサブカルチャーに寛容であると定評がある。とはいえ、誰もがすべてのサブカルチャーに寛容だとは限らない。たとえば、あなたは一輪車の騎馬槍トーナメントを単調に感じ、退屈して呆れた顔を見せるかもしれないが、じゃあなぜあなたは職人仕込みのザワークラウトにこだわるのかと不思議に思う人もいるだろう。だって、ザワークラウトって、非常食のただのキャベツじゃないの？

本章では、ポートランドに関する他の見解を検討すべく、上記のサブカルチャーをいくつか取り上げる。

これらのページは、マンガ、ロールプレイゲームを含む、ポートランドに昔からあるギーク文化の空間性を紐解いていく。

あと、スクラブルも。

ポートランドに住んでいて、何かに没頭しているなら……

……だいたいの場合、「めちゃめちゃ」没頭している。

ギーク (geek) と誰かを呼ぶのは、冷やかしの一撃だった。かつてギークという言葉は、鶏の頭を食いちぎる巡業サーカスのパフォーマーのことを指していた。社会ののけ者の巡業パフォーマーの世界で、ギークは最下層にいた。フリーク・ショー（見世物小屋）という言葉は、ギークの先駆者となったパフォーマーからとられた。多分言われると、未だにギークよりやや傷つくことだ。

これって電源が入ってる？

ゴホン……

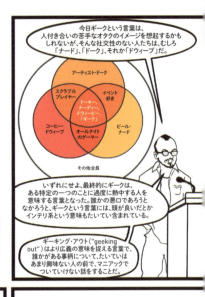

今日ギークという言葉は、人付き合いの苦手なオタクのイメージを想起するかもしれないが、そんな社交性のない人たちは、むしろ「ナード」、「ドーク」、それか「ドウィープ」だ。

いずれにせよ、最終的にギークは、ある特定の一つのことに過度に熱中する人を意味する言葉となった。誰かの悪口であろうとなかろうと、ギークという言葉は、頭が良いだとかインテリ系という意味もたいてい含まれている。

ギーキング・アウト ("geeking out") はより広義の意味を捉える言葉で、誰かがある事柄について、たいていあまり興味のない人の前で、マニアックでついていけない話をすることだ。

ポートランドには、あらゆる種類のギークがそこら中にいることがわかった。事実、ポートランドの大半の人々は、何か熱中していることについてマニアックな説明をしているようだ——地元食材を使った職人手作りのザワークラウト、木製の自転車サドル、それか……

……LEED認証を受けた鶏小屋

最もよく知られるギークの典型は、マンガ、ロールプレイゲーム (RPG) やボードゲームのようなものに過度に熱中している。

近年ポートランドは、かなりの数の独立したマンガの出版社やアーティストの集まる場所となった。

そう、あらゆる点において「インディー系」が最も適切な表現だろう。

少なくとも8つの独立したマンガの出版社に加え、マンガのアートスタジオやインデペンデント・パブリッシング・リソースセンター (IPRC) もポートランドの自慢だ。

トップ・シェルフとオニ・プレスは、インディー系マンガの月間売り上げでは、ひときわ目立っている。

ところが、パイオニア的な出版社が中心部に集中しているにも関わらず、コミック界の本丸は南側に位置している……ダークホース・コミックスの本社のある場所だ! 1986年に設立された、ミルウォーキー [ポートランドの南隣にある市] が拠点のこの大手コミック出版社は、コミック年間売上のおよそ5%を占めている——インディーでも、メジャーな出版社のランキングでも。

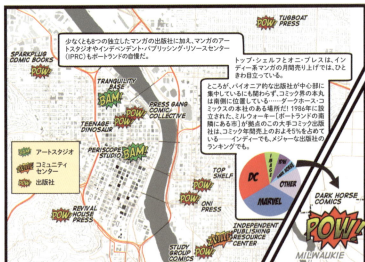

ポートランドの余暇の楽しみは否応無しに混ざり、Guapoのようなコーヒーショップは、マンガを置いている……

私のサイコーなコーヒーから手を離せよ、そこのオタク!

……そして、Giganticのようなブルワリーは、苦味が神レベルのクラフトビールのデザインを地元アーティストに依頼している。

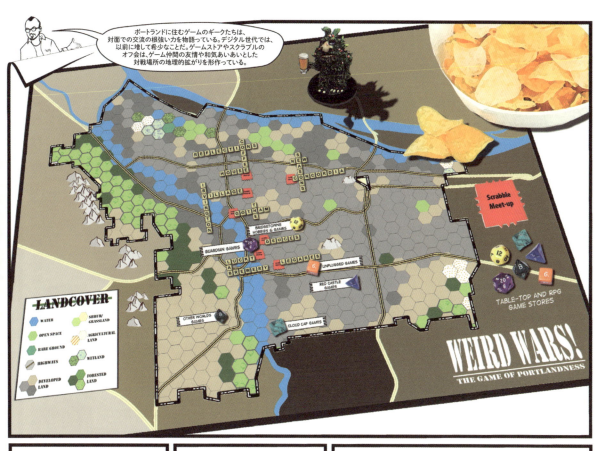

ポートランドに住むゲームのギークたちは、対面での交流の根強い力を物語っている。デジタル世代では、以前に増して希少なことだ。ゲームストアやスクラブルのオフ会は、ゲーム仲間の友情や和気あいあいとした対戦場所の地理的拡がりを形作っている。

多様なゲーマーの集団は、ポートランド中の社会的風景によく見られる形式の一例だ。PDXゲイマーズ（同性愛者のゲーマーのクラブ）とレディ・モンスタースレイング・ソサエティ（女性ゲーマーのクラブ）はどちらも……

……LGBTと女性ゲーマーたちにとって安全な場をつくる──これら2つのゲーマー層は、より大きいゲーマーのサブカルチャーにある、厄介な同性愛者嫌悪や女性嫌悪からしばしば不快な思いをしている。

レディ・モンスタースレイング・ソサエティの会員ヘザー・バスケのアートワーク

RPGに出てくるあらゆる魔法使いの言語と同じくらい、スクラブルのゲームの仕組みが難解に思えるときがある。

2014年に出版されたスクラブルプレイヤーの公式辞典第5版は、二語を新たに四つ追加することで、ゲームを生まれ変わらせた。

全部で、5,000以上の新しい言葉が追加された──昔からのルールにこだわる人は、BEATBOX［ビートボックス］、SELFIE［自撮り］、CHILLAX［chill「落ち着く」とrelax「リラックスする」の造語］の追加に唖然としている。

だが、ようやく今SCHMUTZ［ユダヤ語で泥やゴミ］が、有効な語としてルールに加わった。

他のサブカルチャーのように、ポートランドのギークの世界は、全く異なる興味や関心を融合する社会の錬金術に基づいている。無関連のものと言えば、馬上槍と一輪車、SFのスター・トレックと野外劇場、もしくは、忘れてはいけないビール、RPGとスクラブルがあるが、これらの組み合わせはここでは少しも不思議ではない。

じゃあ、やりかけのゲームがあるので失礼

［TE……ドレミ音階の第七音（2ポイント）／ DA……ビルマ製のナイフ（3ポイント）／ GI……武術で着用する白シャツ（3ポイント）／ PO……おまる（4ポイント）］

創造性の回廊

市中心部

●1987年

パール地区という愛称がつく以前の1980年代半ば、市中心部にアートギャラリーができた。月に1回、近所のギャラリーを歩いて巡るファーストサーズデーは1986年に始まった。あの頃は、倉庫と軽工業がエリアの大部分を占めていて、ギャラリーは小売業の一つにすぎなかった。ファーストサーズデーは、市および民間デベロッパーが地区への投資を始める前に、何千人もの人々をここに集めた。この地区にあるパシフィック・ノースウェスト美術大学と広告代理店ワイデン+ケネディは、ファーストサーズデーの後援に一役買った。ライトレールの路線が開通し、多くのアート愛好家にとってこのエリアが魅力的になるとギャラリーの数は増えた。その後、レストランやバーがオープンすると、このエリアにはさらに人が集まり活気づいた。だが今となっては、当時のギャラリーの多くはなくなったか、移転してしまった。下の地図にあるサウスウェスト1番通りと2番通りの付近に記されているすべてのギャラリーは、もうこの場所には存在しない。

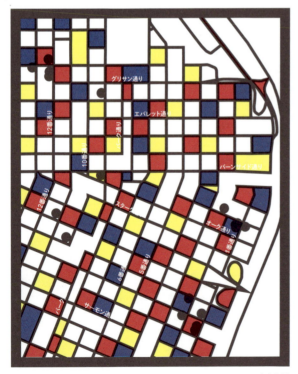

市中心部

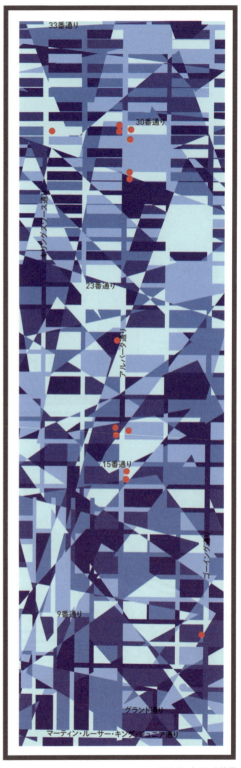

アルバータ・アート地区

ノースウェスト・アートギャラリー

アルバータ・アート地区

● 現在

1990年代終わりから、2000年代初めにかけて、パール地区がますます富裕層向けになるにつれ、もう一つの草の根的なギャラリー巡り「アルバータ通りのラストサーズデー」がノースイースト・ポートランドで始まった。この地区も、再開発と再活性化の対象となっていた。1980年代と1990年代において、ノースイースト・アルバータは、空店舗と空き家、ギャング抗争や未整備なインフラから、都市の投資引き上げの事例であった。地域団体と市は、再開発計画の立案を共同で行った。計画の中には、道路に壁画とアートを設置する「アルバータ街路景観プラン（2000年）」も含まれていた。安い物件はアーティストやギャラリーのオーナーを惹きつけ、1997年の第1回ラストサーズデーでは、一握りのギャラリーが一般公開された。2009年以前のラストサーズデーでは、イベントに集まった何千もの人々やストリートパフォーマーと出店のスペースを確保するために、市は東西に伸びる道を歩行者天国にした。

ノースウェスト・アートギャラリー

● 現在

また他のギャラリーの数々がオールドタウンにオープンした。この地区もまた、1990年代に始まった都市再開発が進んでいた。この地区は、実際パール地区ではないが、そこから近い抜群のロケーションであったため、パール地区との境目付近が途方もなく家賃の高い地区になった。パール地区の中でも2軒の老舗アートギャラリーの一つに数えられる**バターズ・ギャラリー**は、2000年にオールドタウンに移転した。ところが、2000年代半ばまでにはテナント料が上昇し、オールドタウンの多くのギャラリーは閉店したり、他の地区へ移転したりした。オールドタウンのアートシーンを支えるのは、**エバレット・ステーション・ロフト**だ。3つの隣接する建物には、生活兼アトリエのスペースが47部屋、商業スペースが16部屋ある。1989年、民間デベロッパーがエバレット・ステーション・ロフトを購入し、アーティスト向けのロフトを作った。1998年、オーナーは、より大きな利益を得ることよりも、エバレット・ステーション・ロフトの建物をアーティスト主体のアートスペースに市場価格で売却することを選んだ。アートスペースは、芸術家向けの手頃な価格のアトリエ兼自宅スペースを、13州の35カ所に展開している全米規模の団体である。おかげで、ポートランドのアーティストは、地価が高騰し続ける市中心部に住み、制作活動をすることができる。エバレット・ステーション・ロフトの入居条件としては、年間12回行われるファーストサーズデーに9回参加することが含まれている。

DIY（自分でやろう）

ポートランドはよくDIY運動と関連づけられる。DIYは多様な意味をもっている。DIYを人生の哲学と考える人がいれば、1970年代パンクロックのシーンにつながる美学と意味付ける人もいる。DIYは、19世紀後半イングランドで巻き起こった美術工芸運動（アーツ・アンド・クラフツ運動）にさえ関連する。イギリス産業革命は分業（役割分担）により、製造工程を機械化し、昔ながらのもの作りを後退させた。人々は、熟練工の技術を要する生産より、生産管理と機械の導入に価値を見出すようになった。この工芸運動は、産業革命がもたらした新しい工業の時代と労働力の機械化に逆行して、職人芸と大規模な生産機械が導入される以前の技術への回帰を主張した。

美術工芸運動は北アメリカ大陸に広まり、アメリカでは職人スタイルとして知られるようになった。ここでは「運動」ではなく「スタイル」という言葉を使うことで、美術工芸運動の一側面を形づけ、紐づく美学推進を掲げる社会主義的な価値観からの逸脱を見事に表現したといえよう。また、この頃には、産業革命以前の生産方式を再導入する中身のない試みは、大半が断念された。アメリカでは、職人スタイルは主に建築学のアプローチとして発展したものである。

20世紀前半のアメリカにおける「自分でやろう」という考え方は、思想としての哲学よりも、実生活に通じていた。今日のアメリカのイメージにある裕福な中流階級の大部分は、第二次世界大戦後に出現した。その当時、人々は自分の持っているものをうまく活用していた。戦後、多くの人々は、前例のない購買力の伸びをじかに経験した。自分で作るのではなく、工場生産された製品を購入することは、個人の社会的地位と先進的な国家の両方をアピールするものとなった。

工場で大量生産された消費財に大きく依存していることに対する批判の声が上がるまでには、長くかからなかった。多くの点で100年前の美術工芸運動の発端となった批判を彷彿とさせる兆候だった。この工場生産に対する批判には、DIYを含む多くの活動があった。DIYは1970年代に、環境保護主義にある程度影響を受けて、他に類をみない現代の運動になっていった。

今日のDIYに関連する多くのサブカルチャー──ハンドクラフト、ジン［個人が手作りする小冊子］、都市の家庭農園──もポートランドにつながる。大量生産された消費財を拒否する傾向は、これらのサブカルチャーにもある。美術工芸運動をDIYに関連づけ、右の地図にポートランドのハンドクラフトシーンに欠かせない場所にハイライトを当てる。

クラフトショップ（手芸用品店）
- 教室
- クラフトスタジオもしくはテナント
- 編み物もしくは裁縫専門店
- アクセサリー作りの専門店
- ハンドメイド雑貨ストア

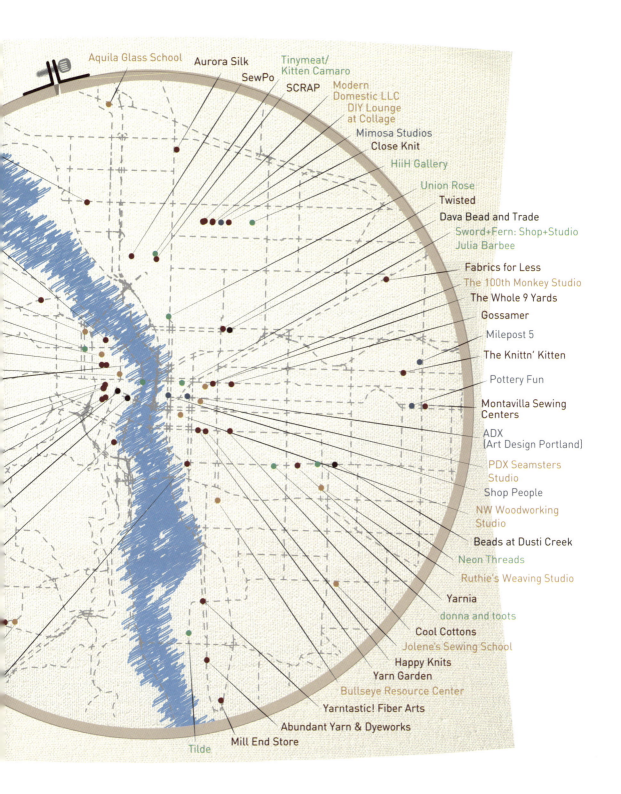

レースパレード、お祭り、大規模パーティー
ポートランドのお祝い行事の由来

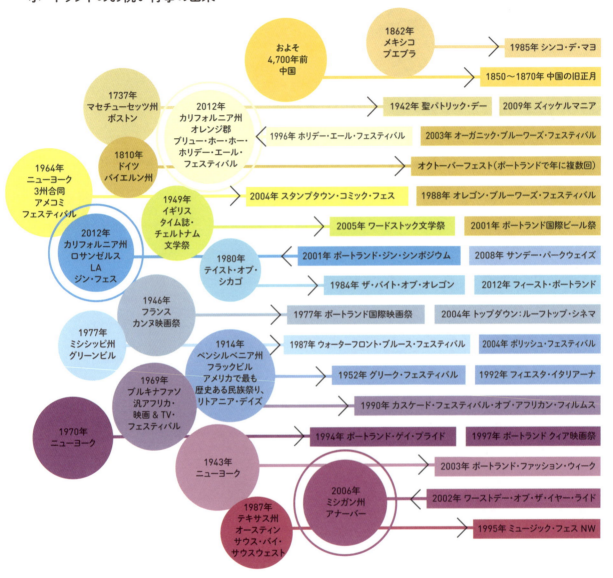

ポートランド住民は、何かとお祝い事をするのが大好きだ。季節や天気がどうであれ、ポートランドには仮装して、群衆に混じって走り、たらふく食べて、酔っ払う機会がたくさんある（この順番どおりでなくても良いが）。大半のお祭りは他国や別の場所が発祥地であるものの、ポートランドはそのすべてを受け入れた。たとえば、2014年のネイキッド・バイク・ライド［裸で自転車に乗って走るイベント］には、9,000人のライダーが参加した。これらすべてのお祝い行事は、ポートランドの風変わりさを維持しようとの哲学の一因となっている。

連休とお祭りは文化とサブカルチャーにとって、念入りに準備を進め、目的意識をもってお祝いする機会になる。また異なる集団をユニークな存在にする機会にもなる。これらイベントの多く――民族固有の祝日、ミュージック・フェスティバル、ロードレース――は、全米各地でも広くお祝いされている。ポートランド住民は、大半のお祭りをポートランド流に熱心にアレンジし、独自のイベントもたくさん作った。

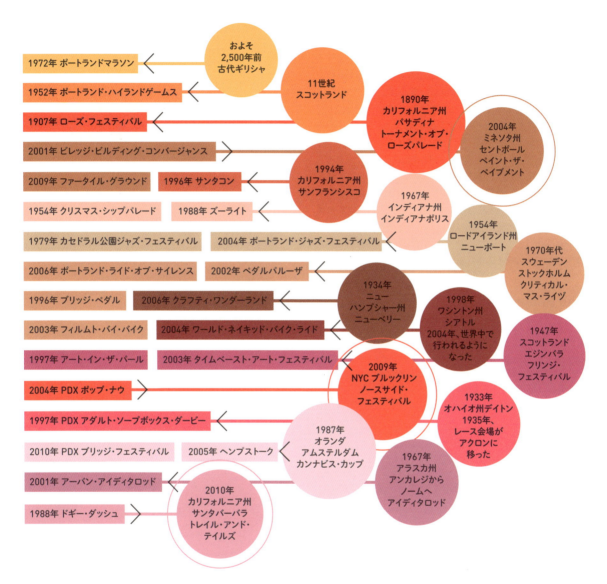

「ワーストデー・オブ・ザ・イヤー・ライド［今年最悪な日の自転車乗り］」は、ポートランド発祥のようだ。この自転車のイベントは2月中旬に開催されるが、例年どおりであれば、［雨が多くて肌寒い］10月から5月にかけてどの日でもぴったりであろう。またポートランドは、ホリデー・エール・フェスティバル、村づくり集会、ポートランド・ジン・シンポジウム、ドギー・ダッシュやPDXポップ・ナウを生み出した。

おそらく、最も定着した伝統的なお祝いは、ローズ・フェスティバルである。この祭りではパレード、ドラゴン・ボートレースやローズ・フェスティバルの女王のイベントがあり、フリート・ウィーク［サンフランシスコで開催される米海軍のイベント］と時期的に重なる。ローズ・フェスティバルは、特にポートランド近郊に住む人々のあいだで人気がある一方、土地勘のない人々にとっては、祭りの醍醐味がまったく理解されない。それに周知のとおり、実にたくさんのビール祭りやお祝い行事があるのは、やや奇妙なことかもしれない。なぜならここポートランドでは、毎日がオクトーバーフェストだからだ。

ポップカルチャー 169

ポートランドのはまり役
ポートランドがロケ地の映画

もしあなたが、ポートランドで映画を撮るのであれば、地元の人々を楽しませるために、忘れずに市の地理に遊び心を加えて撮ってほしい。また、すばらしく陰気なムードを演出できる雨とくもり空を有効に使うのもありだ。これでもドラマチックな要素が足りないのならば、ポートランドでは滅多にみられない雷の音と光に加えて、大雨の特殊効果を合成するのがいい。エキストラを雇う時には、ポートランドにたくさんいるちょっと生意気な若者やホームレスを起用するか、もしくは少なくともポートランドに実在するようにエキストラの衣装を揃えるべきだ。橋を最低一つは映画のシーンに入れる必要がある。映画に映りこむ橋は、多ければ多いほど良い。もし映画撮影のために、橋を一時封鎖できるのであればさらに良い。ところでポートランド住民である私たちは、このあたりの森林保護家の集まりでもあるから、自然との関わりを強調する場面を入れるべきだ。ポートランドではどこに住もうと映画の中ではたったの数分で自然を見つけることができるのである。

Wendy and Lucy（2008年）

邦題：ウェンディ＆ルーシー
ポートランドの配役：落ちぶれた街

ポートランドはこの映画の中では、実在する通りの名前、バス路線やその他見分けのつく街の特徴は映し出されていても、実際よりもずいぶん小さくて寒々として、明るい見通しのないオレゴン州の街を演じている。映画の舞台は、大半がノース・ロンバード通りであるが、オレゴン州都セイラムとヒルズボロの見事なシーンもみられる。映画の登場人物は、その日暮らしの人々であり、その人たちが住むスラム街は、決して遠いところではない。偉大な役者のように、この役はポートランドのはまり役と言える。それとも、それほど演技は実際にしておらず、むしろポートランドは地のままで、他の映画で観る中心部の観光客のシーンこそが創られたイメージなのだろうか。

The Hunted（2003年）

邦題：ハンテッド
ポートランドの配役：都会の大自然

スクリーンで初めて観るオレゴン州では、緑豊かな大地と滝をヘラジカが自由気ままに走り回るシルバーフォール州立公園の大自然が特出である。ポートランド自体は、どんよりしていて湿気が多く、寒々としたイメージが常に映し出されている。この映画の主人公はプロの追跡官であり、この街も大自然であると言っている。中心部の通りは、マンハッタンと同じくらいの通行人でひしめき合っている。ホームレスの人々と不良っぽい少年も多い。当惑するくらい地理的に違和感のあるクライマックスの追跡シーン後、悪者は一見何マイルもありそうな、実在しないライトレールが通っているホーソン橋をよじ登り、ウィラメット川に飛び込む。なかなか奇妙であるが、次に悪者は「上流へと流されて」ロス島、そしてオレゴンシティのウィラメット滝へたどり着く。それから、[ポートランドから北のワシントン州シアトル西側に位置する]オリンピック半島のエルワ川の大自然によって創り上げられた手つかずの大自然へと舞い戻る。

ロス島経由でウィラメット滝へ

悪者の追跡はとある近くの住宅街で始まる

Feast of Love（2007年）

邦題：ラブ・アペタイザー
ポートランドの配役：豊かな発想とコーヒー

この映画のポートランドには、インテリ、小規模ビジネスの事業主と自由に生きる人々が登場し、彼や彼女らはコーヒーショップでのんびり過ごし、自転車に乗り、木々の生い茂る公園や大学構内で物思いにふけっている。これらのアクティビティはすべて、様々な事情がある深い悲しみを癒してくれる。全体的に映画の中のポートランドでは、きれいで居心地が良く、愛が冷めたときにだけ雨がかなり強く降っている。地理的に歪みがあると警告がある。リード・カレッジとPSU（ポートランド州立大学）のキャンパスは、全く同じ場所で撮影されている（なんて発想だろう）。映画の中の大学キャンパスには、PGEパーク[プロビデンス・パークの以前の名称]があり、ノース・ミシシッピ通りのコーヒーショップ、**フレッシュ・ポット**のすぐ近くとなっている。

Drugstore Cowboy（1989年）

邦題：ドラッグストア・カウボーイ
ポートランドの配役：脱工業化の倦怠

この映画は1989年に制作されたが、設定は1971年である。ポートランドは汚く、灰色っぽく廃れている。アパートメント形式のホテル、高速道路の桁下、治安の悪いエリアが、仕事をせずにフラフラしている、ドラッグ仲間がたむろする場所だ。彼や彼女らは日々の生活を何とかやりくりしており、ストーリーが進む中で多くが負傷する。パール地区にある倉庫や電車の操車場を含むこの映画の大半のロケ地は、高級住宅や高所得者向けのストアに改装されたか、もしくは取り壊された。このことから、パール地区に起こった変化を嘆き悲しむ人々が観るべき映画となった。ガス・ヴァン・サント監督の目に映る汚くて劣化したポートランドのダークな部分は、ここで撮影された他の作品、『マイ・オウン・プライベート・アイダホ（My Own Private Idaho）』や『パラノイド・パーク（Paranoid Park）』を観ても明らかである。

Free Willy（1993年）

邦題：フリー・ウィリー
ポートランドの配役：カスカディアのベスト

この映画でポートランドは、アストリアとピュージェット湾とともに、誰もが望むものすべてを兼ね揃えた魅惑的なカスカディアの街として描かれている。太平洋岸、ウィラメット川、コロンビア川、フィッシュマーケット、フェリー、水族館（川に生息するシャチのため）、賢明で禁欲なネイティブアメリカン、スポーツブランド・ナイキの劇中使用、いくつもの橋、背の高い木々と高くそびえる山々が映し出される。観衆のヒーローは、パイオニア・コートハウス・スクエアで物乞いをしていて、実際には考えられないくらい若く、泥にまみれた路上で生活する仲間たちと登場する。ところが、映画の中のポートランドは明るく、問題のある路上生活の若者たちは、自然と人情あふれる労働者階級の人々から力を借りて、人生をやり直す方法を見つけていく。ポートランドに住む多くの視聴者は、ウェストヒルズへのちょっとしたドライブで行けるくらい、沿岸が実際にも近ければと思うだろう。

Gone（2012年）

邦題：ファインド・アウト
ポートランドの配役：陰気な美女

映画自体の価値はどうであれ（隔離されて狂乱状態で連続殺人魔から逃げ出した主人公が、誘拐された妹を助けるために、かつて自分を苦しめた犯人を追い詰める）、ポートランド市の情景は息を呑むほど美しい……少なくとも、カスカディアの住民にとっては。自然光の少ない雨季に撮影された映画の中のポートランドは、常にちょうど今小雨が止んでやわらかい日光が降り注ぎ、通りには水たまりができていて、窓には雨粒がある状態だ。空中から撮影した黄昏時の市は、遠く離れた北部の文明の拠点であることを示唆する雰囲気をかもし出している。フォレスト・パークは、実際よりも広大で人の手が行き届いていない自然として描かれており、（連続殺人魔が言うには）魅惑的な情景と（観衆が感じる）胸騒ぎのする情景が、入れ代わり立ち代わりに映し出される。セントラル・イーストサイドの工業的な情景でさえ、汚いと言うより、大都市の洗練された感じが伝わる。[ポートランドでは初期の住宅開発地]ラズ・アディッションのある住宅街の情景は、拍子抜けするくらいきれいに映っている。セットとして見事に使われていた実際の店のままのW.C. ウィンクス・ハードウェア・ストア、警察本部という設定のUS税関は良い味を出している。たくさんの橋は、映画の中では何かをたとえる存在であるが、セントジョンズ橋ほどではない。ただ、観衆は緑が鬱蒼としたフォレスト・パークの北端を1人歩きすることは考え直すだろう。

ポップカルチャー　171

タッチダウン：ポートランドへの移住とファンチームへの忠誠心

全米各地から選抜されて来たポートランド住民が、ファンチームの応援をしに行く場所

ポートランドで生まれ育った人たちが、昔から（しょっちゅう）言うには、「ポートランドにはもう生粋のポートランド人がいない」とのことだ。このような意見が出るのは、ポートランドが一定数の人たちを魅了し続けているという事実があるからだ。ポートランドに移住する人たちは、ポートランドの2つの特徴である雨の多い9カ月と就職難に気づくかもしれないし、気づかないかもしれない。人々はポートランドに夢と希望をもってくる。彼や彼女らは、スキルと才能をもってやって来る。また、別れを告げた場所への強い愛着とつながりももっている。出身地への愛着を測る方法の一つは、決まって週末に開かれるスポーツバーでのイベントを見ることだ。高画質のTVスクリーンに放映されるのは、大学やプロスポーツチームの全米大会であり、人々の忠誠心がどこにあるのかすぐにわかる。

この地図で示したのは、（TVがいくつもある）スポーツバーであり、様々なNFL［アメリカンフットボールのプロリーグ］のファンが集うところである（シアトルからの移住者はとても多いため、シアトル・シーホークスは含まれていない）。ウィスコンシン州のグリーンベイ・パッカーズは、ポートランドで最も人気があり、少なくとも4つのスポーツバーはチーズヘッド［グリーンベイ・パッカーズのファン］のためにある。このことに驚いた人はいるだろうか。

 サンフランシスコ・49ers
 グリーンベイ・パッカーズ

バッファロー・ビルズ
シカゴ・ベアーズ

クリーブランド・ブラウンズ
ピッツバーグ・スティーラーズ

カンザスシティ・チーフス
ミネソタ・バイキングス

ニューヨーク・ジェッツ
デトロイト・ライオンズ

ニューオーリンズ・セインツ
デンバー・ブロンコス

オークランド・レイダース
ニューイングランド・ペイトリオッツ

 は特定のNFLチームを応援しておらず、大きいスクリーンが複数あるバー

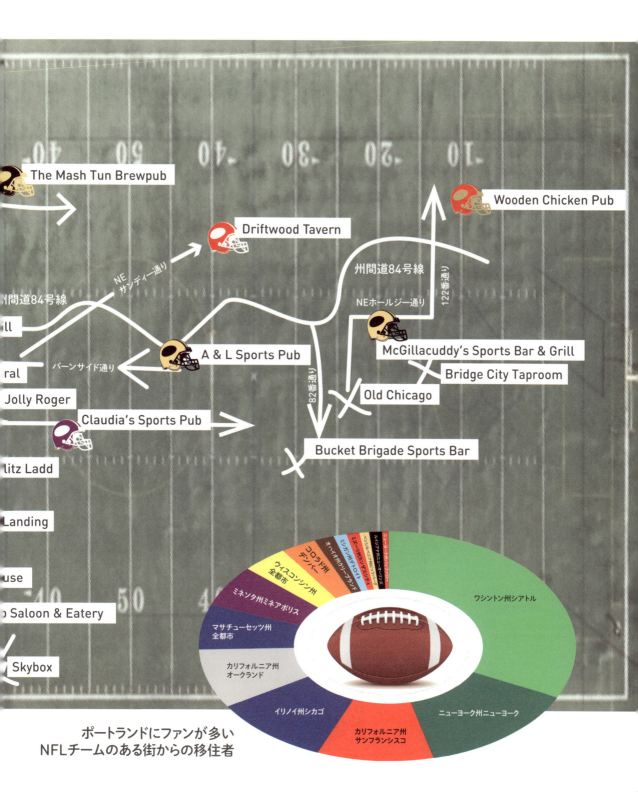

働くミュージシャンに捧げる詩

物事を数量化するのを好む人向けに、地元パフォーマーから集めたこのアンケートデータは、働きながら活動しているミュージシャンと、彼や彼女らが請求書支払いのためにかかえる仕事の概要を示している。

詩集を作るために私たちは、統計データを3つの詩——俳句、ソネット、リメリックで表した。

[ソネット]
昨晩の残響が頭の中で揺らめきながらも、
僕は次のバスに間に合うよう雨の中を歩いて、
バス停から一番近いひさしの下で雨をしのぐ。
服は破れて直さないといけない。
指にはギター演奏でできるマメが、
水ぶくれでズキズキ痛む指以外にできている。
ビールとタバコの味がまだ口の中に残っていて、
僕の書いた歌詞は、今では早口言葉のようだ。
雨音のリズムは新しいビートに変わり、
走っていく車の音は奇妙にも美しい旋律で、
無意識に僕は足をタップしていて、
朝の早い時間の街は靄がかかっていて眠気を誘う。
ゆっくりと、僕は1週間を始めるモードに切り替え、
会社に行くけど、まだ気持ちはミュージシャンのままだ。

職場と最後のライブ会場との距離
16% 51% 18% 15% <1%
<1   1–5 5–10 >10 >100   マイル

[俳句]
broken guitar strings
切れたギターの弦
a river of shattered chords
くずれたコードの流れ
strobe light vertigo
ストロボの光で目が眩む

[リメリック]
ある時テイバー山から来たベーシストがいた
彼女はベースをサーベルのように振りかざした
夜には、シュニッツで演奏
それから、無料のシュリッツビールが1箱
だが、日中の彼女は肉体労働が板についている

気鳴楽器：管楽器（サキソフォン、トランペット、アコーディオン）
弦鳴楽器：弦楽器（ギター、ベース、ウクレレ）
電鳴楽器：電子楽器（キーボード）
体鳴楽器：振奏楽器（パーカッション）
膜鳴楽器：振動膜楽器（ドラム）
声：ボーカル

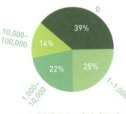

ポートランドのミュージシャンは、音楽でどのくらい稼ぐ？
0 39%
10,000～100,000 14%
1,000～10,000 22%
1～1,000 25%
ライブ演奏からの収入（ドル）

ポートランドのミュージシャンは、どんな職種のシゴトをしている?

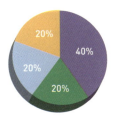

行政・管理:
事務職、メッセンジャー
(郵便配達員)、管理職

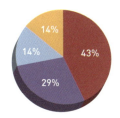

教育:
教師、音楽の先生

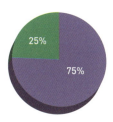

技能職:
電気技師、大工、製造

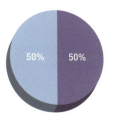

肉体労働:
舞台の裏方、倉庫作業、整備

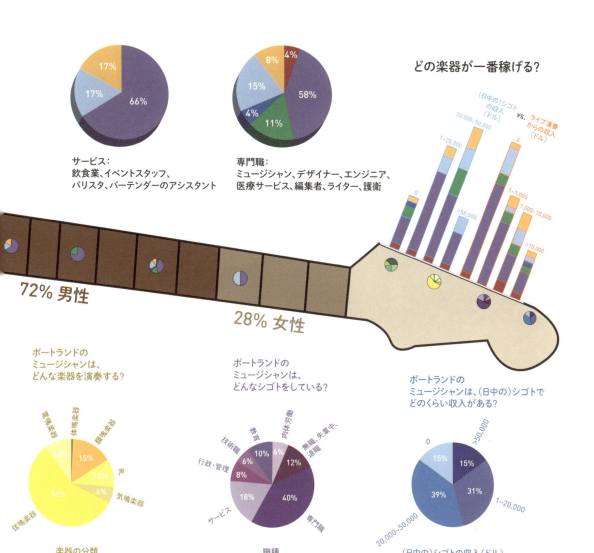

サッカー・シティ USA

ティンバーズとソーンズのシーズンチケット所有者の地理的な分布は、非常によく似た様相を示す。おそらく最も注目すべき点は、シーズンチケット所有者のサッカー・シティ USA ［ポートランドの愛称の一つ］における分布が両チームとも広く、比較的エリア全体に均等に散らばっていることだ。こうしてサッカーは、他に類を見ないやり方で、ポートランド市とこのエリア一帯を結び付けている。

これらのページの地図は、ティンバーズとソーンズの2014年シーズンチケット所有者の分布を、商業的な場所を除いて表している。私たちが商業的なものを除外しようと決めたのは、中心部にはシーズンチケットをたくさん所有する企業があり、この偏りを補正するためだった。ここで示したデータは、シーズンチケット所有者の居住地をより良く視覚的に表している、と私たちは考えている。

ティンバーズとソーンズの両チームとも、ノースウェスト・ポートランドにシーズンチケット所有者の密度が高く、スタジアム付近のエリアに最も集中している。ノース・ポートランド、ノースイーストの中心部、サウスイーストの中心部やセルウッドも同様に高密度だ。また、市の西側に位置する特にビーバートンとヒルズボロにも、比較的高い密度が広がる。両チームとも、州間道205号線の東側においてシーズンチケット所有者の密度の著しい低下があり、東側の郊外は西側と比較して密度が低い。

ティンバーズとソーンズのシーズンチケット所有者の密度は、ポートランド圏外においても驚くほどよく似た様相を示す。両チームは、セイラムでかなりの支持を受け、ユージーン、ベンド、メドフォードにまでサポーターの分布は拡がっている。

シーズンチケットの所有は、ソーンズがワシントン州南部で揺るぎない支持を得ているようにポートランド市北部にも大きく広がっている。ティンバーズとソーンズのシーズンチケット所有者は、シアトルのエリア一帯にもいる。毎年、相当な数のティンバーズのシーズンチケットがシアトルの住所宛てに発送される──大半は間違いなく、自ら進んでポートランドを離れて暮らしている人々だ。

ティンバーズのシーズンチケット所有者
棒の高さは、シーズンチケットの所有者数に比例する

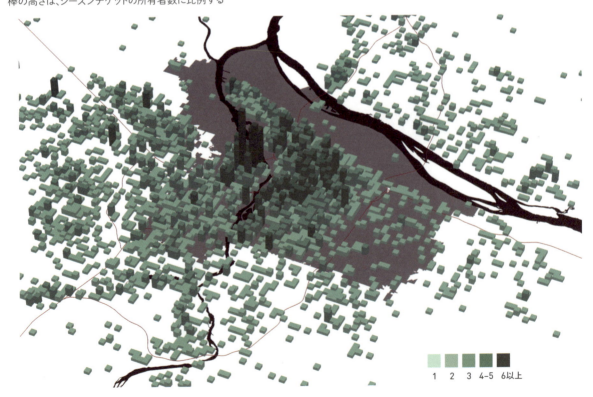

ポートランド都市圏外の
ティンバーズの
シーズンチケット所有者

- 1
- 10
- 100

ポートランド都市圏外の
ソーンズの
シーズンチケット所有者

- 1
- 5
- 10

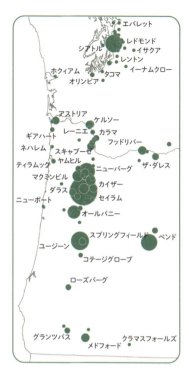

ソーンズのシーズンチケット所有者
棒の高さは、シーズンチケットの所有者数に比例する

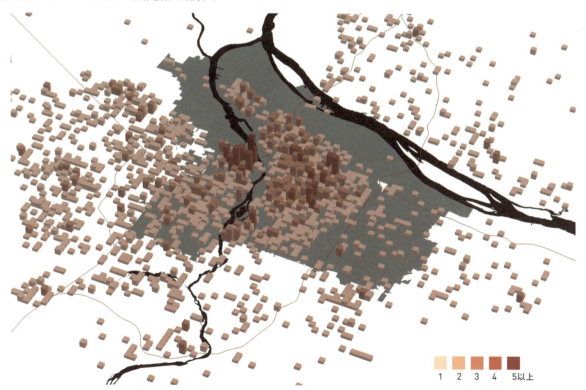

1 2 3 4 5以上

ポップカルチャー 177

サッカースタジアムの歓声の地図
ポートランド・ティンバーズ VS. シアトル・サウンダーズ

これらの地図は、点の取り合いで白熱した2014年4月5日のポートランド・ティンバーズとシアトル・サウンダーズの試合中に、プロビデンス・パークの5つの異なる地点で計測された音の大きさを表すデシベルを時系列に表している。

私たちの調査チームは、それぞれ騒音計を持って5つの地点に散らばり、試合前および試合中には毎分(選手が負傷した時間を含む)、騒音計の計測値を記録した。それから、私たちはデータを集計し、スタジアムを表す102個の小さい地図を描いた。この地図は、いかにサポーターの歓声の大きさが座席の場所によって異なるかを全体的な視覚イメージとして表すことを目的としている。

スタジアムのイラスト右上はセクション107で計測された音量を示す。座席のセクション107は、最も音量の大きい値が計測された場所であり、ティンバーズ・アーミー[ティンバーズのサポーター集団]が集中している。左上のセクションはサウス・デッキの南西隅であり、アウェイの試合であったサウンダーズのサポーターに近かった。

これらの地図は、試合中に上下する音の分布とリズムを表している。試合中にスタジアムが最も静かだったのは、国歌斉唱をしている時だった——サポーターは、皆で声を合わせて歌っていた。試合中の歓声とは比べものにならない音量だったが。

ティンバーズがゴールに向かってシュートしたり、フリーキックが与えられたりした時、スタジアムの歓声は湧き上がった。シアトル・サウンダーズにフリーキックが与えられた時には、真逆の効果がみられた。ティンバーズがゴールを決めて試合中で一番の大歓声が起こった瞬間を見つけるのは容易だ。濃い赤色がスタジアムのほとんどを埋め尽くしている。シアトルが後半に2点ゴールを入れた時には、スタジアムは静まり返った。しかし、試合終了が近づきポートランドがゴールを仕掛けた時にはまた歓声が上がった。ハイペースの試合は、4対4の引き分けで幕を閉じた。

ティンバーズの
チーム紹介

サウンダーズの
チーム紹介

国歌斉唱

試合前

試合前半(1分ごと)

1分経過

シアトル(SEA)がゴール

ポートランド(PDX)のフリ

16分経過

31分経過

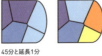
イエローカード

SEAのフリーキック

45分と延長1分

アディショナルタイム

試合後半(1分ごと)

46分経過

PDXがシュート

負傷

イエローカード

61分経過

PDXがシュート

PDXがシュート

76分経過

PDXがセーブ

90分と延長1分 PDXがシュート 負傷 PDXがシュート

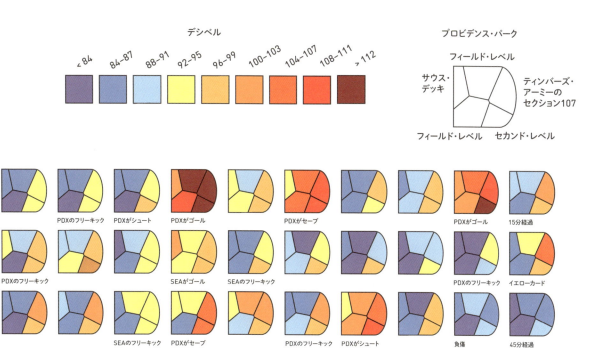

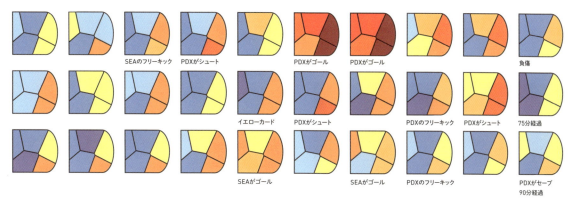

アディショナルタイム

ポップカルチャー 179

ポートランドのサッカー文化

ポートランドは、自らをサッカー・シティ USAと呼んでいる。出身地の違う人はおそらくなぜこの呼び名なのだろうかと不思議に思う。なぜ、西海岸のこの小さな都市は、サッカー・シティになるのだろうか。サッカー・シティ USAのニックネームは、ポートランド・ティンバーズが北米サッカーリーグ（NASL）に初参戦した1975年につけられた。あの年、ティンバーズは決勝戦まで進み、サポーターと選手の熱狂的かつ忠誠を誓った絆で沸き立った。ティンバーズは決勝戦で敗退したものの、サポーターの熱意は冷めなかった。したがって、サッカー・シティ USAのニックネームの由来は、ファンの情熱と選手たちの揺るぎない献身に基づいている。サッカー・シティとは、スポーツチームや選手の活躍が日頃の行動や言動から推し量れる場所なのである。

スタジアム自体には由緒ある歴史がある。2014年4月に現在の名称になったプロビデンス・パークは、1893年から競技場のある場所であった。競技場は、もともとタナー・クリーク近くにあった円形の盆地に建設された。マルトノマ・アスレチック・クラブ（MAC）によって建設が進められ、競技場と小さい特別観覧席が、中国系移民の耕作していた一帯のコミュニティ・ガーデンに取って代わった。マルトノマ・スタジアムは、1926年に予定地に立てられた。1966年、ポートランド市はMACからスタジアムを購入し、シビック・スタジアムと改名した。NASLは、1977年の決勝戦をそこで開催した。伝説的なブラジル人サッカー選手のペレが出場した最後の試合となった。

1978年、ティンバーズは、ウェールズのカーディフ・シティ出身であり、ティンバーズ・ファンのお気に入りとなる、ディフェンダーのクリーブ・チャールズと契約した。プロ選手としての引退後、チャールズはポートランド圏内に定住し、高校でサッカーのコーチとなり、1986年にはポートランド大学の男子サッカーチームのコーチを務めた。その3年後、チャールズはポートランド大学の女子サッカーのコーチとしても雇われ、2002年には全国大会の出場を果たした。その時すでにポートランドのサッカー界では伝説となっていたチャールズは、翌年51歳のときに癌で亡くなった。チャールズの伝説とポートランドのサッカーへの献身は、多くの点でサッカー・シティ USAの名声を確かなものとし、過去と現在の橋渡しをする。

1981年、ティンバーズは、NASLでプレーするのを止め、NASL自体も1984年に打ち切りとなった。しかし、ティンバーズはユナイテッドサッカーリーグに出場するため2001年に復活した。当初観客の数はまばらだったが、年々増えていった。2007年のホーム試合では、平均して6,800人の観客を動員した。増え続けるサポーターの応援に後押しされて、2011年にティンバーズはメジャーリーグサッカーに参入した。2013年にはプロの女子サッカーチームである、ポートランド・ソーンズが作られ、新しく結成されたナショナル・ウーマンズ・サッカーリーグに加入した。ソーンズは、初回シーズンでリーグ優勝を果たした。決勝戦でゴールを決めたソーンズの選手は、クリスティン・シンクレアだった。彼女は、ポートランド大学の代表選手だった2002年の全国大会では、勝敗を分けるゴールを決めていた。

だが、名前が知れ渡るのに重要なのは過去の栄光ではなく、いま何が起きているかだ。おそらく、サッカー・シティ USAとしてのポートランドをよく理解するための最良の手段は、地理的に近いシアトルとのライバル関係をみることだろう。ティンバーズのサポーターはシアトル・サウンダーズとの試合を、ソーンズのサポーターはシアトル・レインとの試合を最も心待ちにしている。大勢の観客の集まるライバル同士の試合をそれぞれ観戦することは、各試合でのゲーム内容が似て非なるものであるように、ポートランドのサッカー文化に味わいをもたせている。

ソーンズとレイン戦の数時間前、真っ赤に装ったサポーターがスタジアムに向かい始め、列を作る。ゲートは試合開始の一時間前に開くが、その頃には数百人の列ができている。列に並んでいる大半は、主要なサポーターグループ、ローズ・シティ・リベッターズの集結する、スタジアムの北端の自由席ゾーンを狙っている。

ティンバーズとサウンダーズの試合では開始の何時間も前に、緑の服装をまとった何千人もの人々が入場を待っている。サポーターグループのティンバーズ・アーミーが陣取る自由席ゾーンに関しては、ゲートが2時間前に開く。その30分後に、チケットを購入しているすべての観客にゲートが開く。サウンダーズを応援する主要なサポーターグループ、エメラルド・シティ［シアトルの愛称］・サポーターズ

ローズ・シティ・リベッターズのティフォ、2014年8月

ティンバーズ・アーミーのティフォ、2014年8月

のメンバーは、スタジアムの南西端にあるメディア・ゲートから入場ができる。サウンダーズのサポーターの座席の配置は、ティンバーズ・アーミーのメンバーとの接触を最小にするためである。ティンバーズ・アーミーとエメラルド・シティ・サポーターズが反対側の座席に着く前でさえ、応援歌の応酬が始まる。ライバルチームの織りなす不協和音は、何ブロックも離れた場所にまで届く。

重要な例外をいくつか除けば、ティンバーズとソーンズのファン層は似ている。いくつかの類似点を予想する人はいるだろう。シーズンチケット所有者の3分の1近くは、両チームのチケットを持っているからだ。シーズンチケット所有者の地図が示唆するように、両チームのサポーターの居住地は広範囲にわたり、試合を観戦しに来場する人々は、市とその周辺の全域からやって来る。両チームの試合には家族連れが多いが、ソーンズ戦の方が目立って家族で観戦する人が多い。ソーンズ戦には、小さい子どもや高齢者が多いようだ。対照的に、ティンバーズ戦の観客に多い20〜30代の観衆は、ソーンズの試合ではほとんどみかけない。

試合開始が近づいて国歌斉唱になると、ティンバーズとサウンダーズのサポーターたちは、タオルマフラーを振り回し、ポートランド市とカスカディアの旗をアメリカの星条旗よりも輝かしく掲げ、アメリカ国歌の最後の行「自由の地　勇者の故郷の上に!」の「勇者」の部分を「ソーンズ」もしくは「ティンバーズ」に変えて声高だかに歌い終える。シアトル戦のような試合では、ティフォ[サポーターによる人文字や横断幕を使った応援のこと]が国歌斉唱の後に作られることが多い。ティフォはたいてい大きな旗の形状の人文字で作られ、応援するクラブチームの武勇を讃えつつ、対戦相手のサポーターをけなすものだ。

2014年8月17日のソーンズ対レイン戦のティフォと2014年8月24日のティンバーズ対サウンダーズ戦のティフォは、このページと前ページに記載されており、チームの応援方法が異なることを示している。ローズ・シティ・リベッターズはピカソの名言「想像できることすべては、現実だ」の垂れ幕をなびかせた。ソーンズは、シーズンの最終戦でプレーオフに勝ち進むために、この試合には勝つ必要があった。そして見事にやってのけた。

ティンバーズ・アーミーは、複数の要素からなるディスプレイを作った。オズの魔法使いのドロシーが、対戦チームのシアトルを炎上させるためにちょうど使ったガソリンの缶を持っている。ドロシーのディスプレイは、「我が家ほど良い場所はない」の横断幕の前に立っている。ティンバーズには重要（と言っても、どの試合も重要）だが、リーグ戦に影響のないその試合に4対2で敗れた。

これらの試合に関しておそらく最も感嘆することは、両チームの観客席での反応だ。一方は勝利に沸いてもう一方は惨敗したのだが、反応はほとんど同じだった——熱狂的な群衆のむき出しの声援、応援歌や崇拝。選手はスタジアムを一周してサポーターたちに応え、今度はサポーターが選手に賞賛を送る。ポートランドでは、勝っても負けてもあらゆる年齢層、バックグラウンド、都市圏内在住のサポーターたちが起立して、ティンバーズとソーンズだけでなく、都市にも敬意を示す。ポートランドのサポーターたちは、試合の勝敗を超えたサッカーへの情熱をもっている。これこそ、ポートランドがサッカー・シティUSAであり続ける由縁なのだ。

ポップカルチャー　181

著者あとがき

この地図帳は、地図、文章、画像、写真に対する40人以上の貢献と、100人を超える人々からの情報提供や協力に基づく共同作品である。デービッド・バニスとハンター・ショービーは、全ページの構想とデザインに取り組み、コンテンツの製作管理を務めた。デービッドは地図を、ハンターは文章を編集した。ジョーン・ランデルは本書の体裁と視覚表現の基準を設計した。地図のデザインは地図製作者に帰属する。

謝辞

本プロジェクトの主要な地図製作者たちに感謝を申し上げたい。コリンナ・キンブル・ブラウン、ランディ・モリス、ジョン・フランチェク、ダン・コー、そしてカーク・マキューエンは、それぞれが最も必要とされる時に、プロジェクトに生き生きとした創造力をもたらしてくれた。彼ら彼女らによる作品の質の高さによって、本書は存在している。コリンナは、考えうるすべての範囲（地図製作、執筆、写真、画像、デザイン、調査）にわたり多大な貢献をしてくれた。彼女がいなければ、本プロジェクトは始まらなかったかもしれない。ランディは、コンテンツ制作の仕上げを手伝う最終段階で、洞察力と冒険心、そして驚くべき努力をみせてくれた。私たちの構想を直ちに理解し、デザインを通じてそれを翻訳してくれたジョーン・ランデルと、校閲を引き受けてくれたマーゴ・ペチャにも謝意を表したい。ポートランド州立大学における2011年秋の「地図と社会」、2012年夏の「カルチュラル・アトラスの製作」、2012年秋の「地図と社会」の履修者たちは、ブレインストーミングと調査、発想、活動において力を発揮してくれた。ポートランド・コミュニティカレッジにおける2012年と2013年春の「ローカル・ランドスケープ」の履修者と指導員、地理学科長のクリスティーナ・フリードルは、私たちに新たな発想や視点をもたらし、プロジェクトを再び活性化させてくれた。アビー・ゲートラッドの助言と励ましが無ければ、私たちは完全に迷い込んでいただろう。マーサ・ワークスとレベッカ・マクレインは、本書の草稿に対してコメントと提案を寄せてくれた。クリス・ウィルソンとマイク・ゴラブ、そしてポートランド・ティンバーズとポートランド・ソーンズによる寛大な支援と熱心な参加にも感謝する。ポートランド州立大学地理学科はこのプロジェクトの地図製作を支援し、同大学の能力強化助成は2013-14年にかけて私たちの取り組みを支えてくれた。そして、本書の刊行を引き受けてくれたサスクワッチ・ブックスのゲイリー・ルークおよびすべての関係者に、深く感謝を申し上げる。

クレジットと主な資料

オープニング・マップ

間取図でみるポートランド
地図：Jon Franczyk
文章：Hunter Shobe
協力：Corinna Kimball-Brown, Jon Franczyk, Kirk McEwen, Dan Coe, Melissa Katz-Moye, and Daron McCaulley for brainstorming room ideas

ネイバーフッド・カラーパレット
地図：Dan Coe
文章：David Banis
協力：Torrey Vosk

PDX Tube
地図：Jon Franczyk
協力：Henrich Biorn

イントロダクション

ポートランド：カスカディアの都市
地図：Jon Franczyk
文章：Hunter Shobe
主な資料：
Baretich, Alexander. "Cascadian Flag ('the Doug') image." Wikimedia Commons. 2006. http://commons.wikimedia.org/wiki/File:Flag_of_Cascadia.svg.
Baretich, Alexander. "Symbolism of the Cascadian Flag." Portland Occupier. 2012. http://www.portlandoccupier.org.
Callenbach, Ernest. *Ecotopia: The Notebooks and Reports of William Weston*. Berkeley, CA: Banyan Tree Books, 1975.
Cascadian Independence Project. http://www.recollectionbooks.com/Cascadia.
Cascadia Now!. http://www.cascadianow.org.
Garreau, Joel. *The Nine Nations of North America*. Boston, MA: Houghton Mifflin, 1981.
McCloskey, David. *Cascadia: A Great Land on the Northeast Pacific Rim*. Seattle, WA: Cascadia Institute, 1988.
McKee, Bates. *Cascadia: The Geologic Evolution of the Pacific Northwest*. New York, NY: McGraw-Hill Book Company, 1972.
Pacific NorthWest Economic Region. http://www.pnwer.org.
Patail, Martin. "Cascadia Rising: Break Out the Fireworks for the Northwest's Independent State of Mind." *Portland Monthly Magazine*, 2012.
Resnick, Philip. "Secular Utopias Versus Religious Credos—One Cascadia or More?" In *Cascadia: The Elusive Utopia, Exploring the Spirit of the Northwest*, edited by Douglas Todd. Vancouver, BC: Ronsdale Press, 2008.
Schell, Paul, and John Hamer. "Cascadia: The New Binationalism of Western Canada and the U.S. Pacific Northwest." In *Identities in North America: The Search for Community*, edited by Robert L. Earle and John Wirth. Stanford, CA: Standford University Press, 1995.
Sightline Institute. http://www.sightline.org.
Sparke, Matthew. "Excavating the Future in Cascadia: Geoeconomics and the imagined geographies of a cross-border region." *BC Studies*, no. 127 (2000): 5–44.

ポートランドらしさ
地図：David Banis and Nicole Palmer
文章：David Banis
調査：David Banis and Sonia Singh
主な資料：
"American Community Survey." US Census Bureau. http://www.census.gov/acs/www/.
Clackamas County Elections Division. http://www.clackamas.us/elections.
Food Carts Portland. http://www.foodcartsportland.com.
Green Power Oregon. http://www.greenpoweroregon.com.
Multnomah County Elections Division. http://www.multco.us/elections.
Oregon Brewers Guild. http://oregoncraftbeer.org/guild/.
Oregon Craft Beer. http://oregoncraftbeer.org.
Washington County Elections Division. http://www.co.washington.or.us/elections.

ポートランド対ポートランド
地図：Randy Morris
文章：Annie Scriven and Hunter Shobe
調査：Randy Morris
協力：M. Nasir Shir, GISP, GIS Manager, IT, city of Portland, Maine
主な資料：
American Fact Finder. http://www.factfinder.census.gov/faces/nav/jsf/pages/index.xhtml.
Portland, Maine, Building Footprints and Tax Lot Data. City of Portland, Maine.
US Census Bureau. http://www.census.gov.
US Climate Data. http://www.usclimatedata.com.

都市の景観

ブリッジ・タウン（橋の街）
地図・写真：Dan Coe
文章：David Banis
主な資料：
Oregon Department of Transportation.

http://www.oregon.gov/odot/pages/index.aspx.
Portland Bridges. http://www.portlandbridges.com.

橋の下
地図・写真：Dan Coe
文章：David Banis and Hunter Shobe

歩道の終点
地図：Kirk McEwen
文章：Elizabeth Specht and Hunter Shobe
写真：David Banis and Hunter Shobe
調査：Summer 2012 Cultural Atlas Production class

ポートランドセメント
地図：Corinna Kimball-Brown
文章：David Banis and Hunter Shobe
主な資料：
Civic Apps for Greater Portland. http://www.civicapps.org.
Portland Bureau of Transportation.
　　http://www.portlandoregon.gov/transportation/32360.

アテンションプリーズ
地図：David Banis and Corinna Kimball-Brown
文章：Hunter Shobe
調査：Summer 2012 Cultural Atlas Production class

「止まれ」の標識に落書きするのは止めて
地図・写真：Dan Coe
文章：Hunter Shobe and Dan Coe

製造業の空間
地図：David Banis and Corinna Kimball-Brown
文章：Tiffany Conklin, Allison Jones, and David Banis
写真：Tiffany Conklin (Pouring Paint wheatpaste), Anton Legoo (Inside of Taylor Electric), and Hunter Shobe (Outside of Taylor Electric)
主な資料：
Central Eastside Industrial Council. http://www.ceic.cc/.
"Chapter 14B.80 Graffiti Nuisance Property." Office of the City Auditor. http://www.portlandonline.com/auditor/?c=28580/. City of Portland. 2014. http://www.portlandoregon.gov/.
Conklin, Tiffany. "Street Art, Ideology and Public Space." Master's thesis, Portland State University, 2012.
Jones, Allison. "Industrial Decline in an Industrial Sanctuary: Portland's Central Eastside Industrial District, 1981-2014." Master's thesis,
　　Portland State University.

裸の都市
地図：Jon Franczyk, David Banis, and Randy Morris
文章：Wayne Coffey and Sean Wilson
グラフィックス：Jon Franczyk and David Banis
調査：Wayne Coffey, Sean Wilson, and David Banis
写真：Hunter Shobe

主な資料：
Coffey, Wayne. "Myths and Measures: The Cultural Performance of Portland's Strip Club Identity." Master's thesis, Portland State University, 2012.

過去と未来

広がるポートランドの範囲
地図：Dan Coe
文章：Corinna Kimball-Brown
主な資料：
Bureau of Planning and Sustainability.
　　http://www.portlandoregon.gov/bps.
"East Portland Historical Overview and Historic Preservation Study." Bureau of Planning and Sustainability, City of Portland. 2009. http://portlandoregon.gov/bps/article/214638.
The Oregon History Project, Oregon Historical Society.
　　http://www.ohs.org/education/oregonhistory/.
US Census Bureau. http://www.census.gov/.

街路名が伝える歴史
地図：Corinna Kimball-Brown and David Banis
調査：Hunter Shobe and Corinna Kimball-Brown
文章：Hunter Shobe and Corinna Kimball-Brown
主な資料：
Snyder, Eugene E. *Portland Names and Neighborhoods: Their Historic Origins.* Portland, OR: Binford & Mort, 1979.

移住者たちの足跡
地図・文章：Corinna Kimball-Brown
写真："Aerial I405 Freeway construction and South Auditorium Urban Renewal Area." City of Portland Archives, Portland, OR, A2004-002.3582; "N Killingsworth looking east from Albina." City of Portland Archives, Portland, OR, A2004-002.2127
主な資料：
Abbott, Carl. *Portland in Three Centuries: The Place and the People.* Corvallis, OR: Oregon State University Press, 2011.
"Foreign Born Population." US Census Bureau.
　　http://www.census.gov/topics/populations/foreign-born.html.
Olsen, Polina. *The Immigrants' Children: Jewish and Italian Memories of Old South Portland.* Portland, OR: Smart Talk Publications, 2006.
Toll, William. "The Self-Promotional Metropolis: The Italian and Russian Jewish Settlements," The Oregon History Project. 2003. http://www.ohs.org/education/oregonhistory/narratives/subtopic.cfm?subtopic_ID=203.

歴史あるチャイナタウン
地図・文章・調査・写真：Corinna Kimball-Brown
写真："Chinese Gardens and Houses in Tanner Creek Gulch." City of Portland Archives, Portland, OR, A2004-002.2544
主な資料：
"Foreign Born Population." US Census Bureau.
　　http://www.census.gov/topics/population/foreign-born.html.

"Historic GIS Data: Portland's People & Places." Teaching American History PDX. http://www.upa.pdx.edu/IMS/currentprojects/TAHv3/PDX_Places_GIS.html.

Wong, Marie Rose. *Sweet Cakes, Long Journey: The Chinatowns of Portland, Oregon*. Seattle, WA: University of Washington Press, 2004.

チャイナタウンの今

地図・文章・調査:Corinna Kimball-Brown
写真:Corinna Kimball-Brown and David Banis (Chinatown Gate)
主な資料:
"Foreign Born Population." US Census Bureau. http://www.census.gov/topics/population/foreign-born.html.

埋め立てられた博覧会の面影

地図:Daron McCaulley, Jackson Voelkel, and David Banis
文章:Rachel Berger
写真:"View from Grand Staircase." Portland City Archives, Portland, OR, A2004-2307; map recreated from "Official Ground Plan of the Lewis and Clark Centennial Exposition." City of Portland Archives, Portland, OR
主な資料:
Dibling, Karin, Julie Kay Martin, Meghan Stone Olson, and Gayle Webb. "Guild's Lake Industrial District: The Process of Change over Time." *Oregon Historical Society Quarterly* 1, no. 107 (2006): 88–105.
"Guild's Lake Industrial Sanctuary Plan." *The Oregon Encyclopedia*. Portland Bureau of Planning, City of Portland, 2001.
The Oregon History Project. Oregon Historical Society. http://www.ohs.org/education/oregonhistory/.
Tucker, Kathy. "Guilds Lake, 1904." Oregon History Project. 2002. http://www.ohs.org/education/oregonhistory/historical_records/dspDocument.cfm?doc_ID=EB3F7D8D-B88B-500C-A78F-6A488918A5F7.

島から半島へ

地図:Daron McCaulley and Jackson Voelkel
文章:Stephen Marotta
写真:"Aerial of Swan Island Municipal Airport." City of Portland Archives, Portland, OR, A2005-005.1407.3; "USS Schenectady." Portland City Archives, Portland, OR, A204-002.2176; contemporary photo by David Banis
主な資料:
"Kaiser & Oregon Shipyards." Oregon History Project. http://www.ohs.org/education/oregonhistory/historical_records/dspDocument.cfm?doc_ID=00088A33-E7AE-1E91-891B80B0527200A7.
"McCarthy Park Expedition." Cyclotram. http://www.cyclotram.blogspot.com/.
Profita, Cassandra. "A Guide to the Portland Harbor Superfund Site." Oregon Public Broadcasting. September 19, 2013. http://www.opb.org/news/blog/ecotrope/a-guide-to-the-portland-harbor-superfund-site/.
"Record Breakers." Oregon Shipbuilders Corporation. http://www.armed-guard.com/recbr1.html.
Willingham, William F. "Swan Island." *Oregon Encyclopedia*. http://www.oregonencyclopedia.org/articles/swan_island/#.VUpqRqYfjA4.

実現しなかった都市計画

地図・文章:Corinna Kimball-Brown and David Banis
協力:Dirk Kinsey
主な資料:
Abbott, Carl. *Portland in Three Centuries: The Place and the People*. Corvallis, OR: Oregon State University, 2011.
Bennett, Edward. *Greater Portland Plan*. 1912.
"Central City Plan." Bureau of Planning, City of Portland, Oregon. 1988.
"Comprehensive Development Plan." City of Portland Archives, Portland, OR. 1966.
"Olmsted's Plan of Parks and Boulevards." City of Portland Archives, Portland, OR. 1903.
"Olympic Bid Proposal." City of Portland Archives, Portland, OR.
"Streetcar System Concept Plan." City of Portland Archives, Portland, OR. 2009.
"Urban Design Assessment: Central Portland Plan." Bureau of Planning, City of Portland, Oregon. 2008.

お化けが出る場所

地図:Melissa Katz-Moye and Randy Morris
文章:Hunter Shobe
写真:Dan Coe
協力:Pam Rooney

メイウッドパーク

地図:Randy Morris
文章・写真:Sean Wilson
協力:the City of Maywood Park
主な資料:
City of Maywood Park. http://cityofmaywoodpark.com.
Bureau of Planning. City of Portland. https://www.portlandoregon.gov/bps/.
East Portland Review, November 2007.
"Maywood Park citizens get involved." *Mid-County Memo* 21, no. 9 (2006).
US Census Bureau. http://www.census.gov/.

自然と野生

スタンプ・タウン(切り株の街)

地図:Randy Morris
文章:David Banis and Randy Morris
写真:"Front Ave Looking South from Alder." City of Portland Archives, Portland, OR, A2004-002.2096; photograph of Naito Parkway by Randy Morris
主な資料:
American Forests. https://www.americanforests.org.
Ryerson, Mike, Norm Gholston, and Tracy J. Prince. *Portland's Slabtown*. 2013.
"Urban Canopy Report." Portland Parks and Recreation. 2012.
"Portland Tree Canopy Interactive Map." *The Oregonian*. http://projects.oregonlive.com/maps/portland-trees/.

降っては止むにわか雨とサンブレイク
地図・グラフィックス：Corinna Kimball-Brown
文章：Corinna Kimball-Brown and David Banis
主な資料：
Current Results. http://www.currentresults.com/Weather/.
Prism Climate Group. Oregon State University. http://www.prism.oregonstate.edu.
Science Facts. http://www.science-facts.com.

失われた水と幻の水路
地図・写真：Randy Morris
文章：Randy Morris and David Banis
写真："Vista Bridge." Wikimedia Commons. 2012. http://commons.wikimedia.org/wiki/Category:Vista_Bridge.
主な資料：
ES Glover's Birdseye View of Portland Oregon. Library of Congress. 1879.
Prince, Tracy J. *Portland's Goose Hollow*. Charleston, SC: Arcadia Pub., 2011.
"Tanner Creek Water Quality Characterization." City of Portland. June 2011 (BES). https://www.portlandoregon.gov/bes/article/354686.

都会の鶏と田舎のコヨーテ
地図：Corinna Kimball-Brown
文章：Corinna Kimball-Brown and Hunter Shobe
写真：Traci Friedl (coyote) and Riho Katagiri (lost chicken sign)
主な資料：
Growing Gardens. http://growing-gardens.org.
PSU Urban Coyote Project. http://urbancoyoteproject.weebly.com.

ミツバチの苦境
地図：Randy Morris
文章・写真・調査：Jenai Fitzpatrick
主な資料：
Dewey Caron, Jenai Fitzpatrick, Andrew Miller, and Tim Wessles. "Portland Urban Beekeepers (PUB) 2014 Bee Survey." March 28, 2014.

オークス・ボトム
地図：Corinna Kimball-Brown
文章・写真：Mike Houck
主な資料：
"Suggested plan for the development of Sellwwod—Oaks Aqua Park and Transportation Musuem [Oaks Bottom]—Parks and Recreation." City of Portland Archives, Portland, OR, M/3462 12/31/1958.

並外れたサイズのげっ歯類
地図・文章：Corinna Kimball-Brown
グラフィックス：Kezia Rasmussen and Laura DeVito
主な資料：
"August Sale of Furs Begins Tomorrow." *The Oregonian*, July 26, 1936.
"Business Briefs: Nutria Said Risky." *The Oregonian*, June 3, 1957.
"Furry Colonists Arrive by Water." *The Oregonian*, August 11, 1931.

Kuhn, Lee W. and Paul E. Peloquin. *Oregon's Nutria Problem*. Proceedings of the 6th Vertebrate Pest Conference. 1974.
Sheffels, Trevor and Mark Sytsma. "Report on Nutria Management and Research in the Pacific Northwest." *Center for Lakes and Reservoirs Publications*, no. 24 (2007).
Sheffels, Trevor, Mark Sytsma, and Jacoby Carter. "An Overview of Nutria, with Special Reference to the Pacific Northwest." Presented at Nutria Management in the Northwest Workshop. USGS Nonindigenous Aquatic Species Program. March 28, 2013.

ヘテロトピア：コロンビア・スラウ
地図・文章：Randy Morris
写真：Mark Gamba
主な資料：
Columbia Slough Sediment Study: Lower Slough between River Mile 5.9 and 8.7. State of Oregon DEQ. January 2012 update.
Hetherington, Kevin. *The Badlands of Modernity: Heterotopia and Social Ordering*. 1997.
Olmsted, John Charles and Frederick Law Olmsted Jr. "Report of the Park Board." *Report of the Olmsted Brothers, Landscape Architects*. City of Portland. Portland, OR. 1903.
Stroud, Ellen. "Troubled Waters in Ecotopia: Environmental Racism in Portland, Oregon." *Radical History Review*, no. 74 (1999): 65–95.

都市の見方

想像上の人口密度
地図・調査：Corinna Kimball-Brown
文章：Hunter Shobe and Corinna Kimball-Brown
主な資料：
Demographia World Urban Areas, 9th Annual Edition. March 2013.
"2013 Population Estimates." US Census Bureau. http://www.census.gov/popest/.

多様性の島々
地図：Jon Franczyk
文章：David Banis and Hunter Shobe
主な資料：
"2010." US Census Bureau. http://www.census.gov.

心理地理学
地図：David Banis
文章：Christina Friedle and Hunter Shobe
メンタルマップの編集：Karin Waller and David Banis

街角で覚える感情
地図：Christina Friedle
文章：Christina Friedle and Hunter Shobe
調査：Ratnanjali Adhar, Sam Johnson, and Anita Parco

街の喧騒
地図：Zuriel Rasmussen and David Banis

文章：Zuriel Rasmussen

匂いで地域を分ける
地図：Corinna Kimball-Brown
文章：Corinna Kimball-Brown and Hunter Shobe
協力：Dan Coe, Jon Franczyk, Tony Hair, Melissa Katz-Moye, Daron McCaulley, and Kirk McEwen for brainstorming

小学3年生が描く街
地図：Nicole Penoncello and David Banis
文章：Nicole Penoncello
協力：the third-grade art students at Jason Lee Elementary School (2013 to 2014)

ドーナツの穴の外側をめぐる物語
地図：Randy Morris and David Banis
文章：Hunter Shobe
写真：Dan Coe
協力：Voodoo Doughnuts

カリー
地図・文章：Joseph Bard
主な資料：
Detailed profile of Cully neighborhood in Portland, OR, 97213, 97218. http://www.usa.com.
"Not in Cully：Anti-Displacement Strategies for the Cully Neighborhood." A report prepared for Living Cully：A Cully Ecodistrict.

フォスターパウエル
地図：Randy Morris and David Banis
文章：Stephen Marotta and Rachel Berger
主な資料：
Foster-Powell：A Neighborhood Blog. http://fosterpowellpdx.com.
Foster-Powell Neighborhood Association. http://fosterpowell.com.

マルトノマ・ビレッジ
地図：Randy Morris and David Banis
文章：Christina Friedle

パークローズ
地図：Randy Morris and David Banis
文章：Stephen Marotta
主な資料：
Main Street Parkrose Redevelopment Plan.
Parkrose Business Association. http://parkrosebusiness.org.
Parkrose Neighborhood Association. http://parkrose.eastportland.org.
Plan PDX.

サウス・ウォーターフロント
地図：Randy Morris and David Banis
文章：Stephen Marotta
主な資料：
Culverwell, Wendy. "South Waterfront：The Failure that Wasn't." *Portland Business Journal*, August 16, 2013.

ソーシャル・リレーション

ミッション・インビジブル（監視を避けて）
地図・グラフィックス：Kirk McEwen
文章・写真：Hunter Shobe
調査：Summer 2012 Cultural Atlas Production class

緑の楽園
地図：Corinna Kimball-Brown
文章：Stephen Marotta and Corinna Kimball-Brown
グラフィックス：Nicole Penoncello
写真：David Banis (ecoroofs, LEED plaque) and Corinna Kimball-Brown (bioswale)
主な資料：
Green Streets Dataset, Community Gardens Program. Parks and Recreation, City of Portland.
"LEED-certified commercial buildings in Oregon." *Sustainable Business Oregon*, November 4, 2012.
"Oregon Non-profit Organizations." State of Oregon. http://www.oregon.gov/Pages/index.aspx.
"Portland Ecoroof Program." City of Portland Environmental Services. https://www.portlandoregon.gov/bes/44422.
"Portland Harbor Superfund Site." Environmental Protection Agency. http://yosemite.epa.gov/r10/cleanup.nsf/sites/ptldharbor.
"Sustainable Stormwater Management." City of Portland Environmental Services. https://www.portlandoregon.gov/bes/34598.

怖いもの知らずの若者たち
地図・文章・写真：Corinna Kimball-Brown
調査：Erin Aliperti, Dwayne Hedstrom, Kick Nyte, Diego Ponce, Erik Trexel, and Corinna Kimball-Brown

人目につかないホームレス
地図・グラフィックス：Kirk McEwen
文章：Stephen Przybylinski and David Banis
写真：Stephen Przybylinski
主な資料：
2013 Point-In-Time Count of Homelessness in Portland/Multnomah County, Oregon.
Przybylinski, Stephen. *The Right to Dream：Assessing the Spatiality of a Homeless Rest Site in Portland, Oregon*. Master's thesis, Portland State University, 2015.

レッドライン……その結果
地図・文章・グラフィックス：Corinna Kimball-Brown
調査：Corinna Kimball-Brown and Neil Loehlein
写真："Guilds Lake Courts housing units." City of Portland Archives, Portland, OR, A2001-025.265; "Aerial photo of Vanport." City of Portland Archives, Portland, OR, A2001-025.626; photos of "hipsterville" graffiti and "Red Line District" sign by Hunter Shobe
主な資料：
"The Albina Community Plan." Bureau of Planning. Portland, OR. 1993. https://www.portlandoregon.gov/bps/article/58586.
"Gentrification and Displacement Study Overview." Bureau of Planning and Sustainability. City of Portland. Portland, OR. 2013.

Gibson, Karen J. "Bleeding Albina：A History of Community Disinvestment, 1940 to 2000." *Transforming Anthropology* 15, no. 1, 3–25.

"The History of Portland's African-American Community (1805 to the Present)." Bureau of Planning. Portland, OR. 1993. https://www.portlandoregon.gov/bps/article/91454.

"Interstate Corridor Urban Renewal Plan." Portland Development Commission. August 2000. http://www.pdc.us/Libraries/Interstate_Corridor/Interstate_URA_plan_pdf.sflb.ashx.

Loving, Lisa. "The North Williams Avenue That Was." *The Skanner*, August 9, 2011.

TAHPDX：Teaching American History Project. Portland State University and the University of Portland.

US Census Bureau. 2010. http://www.census.gov/2010census/.

ストリートをアートで彩る

地図：Laura DeVito
文章：Corinna Kimball-Brown
写真：Dan Coe (intersection murals) and Laura DeVito (children painting)
主な資料：
Fink, Jordan. Personal communication with Corinna Kimball-Brown. May 22, 2013.
Village Building Convergence. City Repair. 2012. http://www.cityrepair.org.

フードとドリンク

ある日曜日

地図：Corinna Kimball-Brown
文章：Hunter Shobe; wait times were collected by phone on November 3, 2013.
協力：Gwyneth Manser
主な資料：
Stuff White People Like. http://stuffwhitepeoplelike.com.

フードカートの地図（フード・カルトグラム）

地図・グラフィックス：Randy Morris
文章：Hunter Shobe
調査：David Banis, Robert Kalai Miller, Gabriel Rousseau, and Jackson Voelkel
主な資料：
Food Carts Portland. http://www.foodcartsportland.com.
Google. https://www.google.com.
Yelp. http://www.yelp.com.

エールの淡い陰影

地図：Jon Franczyk and David Banis
文章：Hunter Shobe
グラフィックス：Jon Franczyk
協力：Thomas Jackson
主な資料：
Brewers Association. https://www.brewersassociation.org.

Oregon Brewers Guild. http://oregoncraftbeer.org/guild/.
Oregon Craft Beer. http://oregoncraftbeer.org.

ラージサイズのマグカップに入った、スキムミルクのハーフカフェインで、フォームミルクを追加したスモールサイズの熱めのキャラメルカプチーノ

地図：Jackson Voelkel
文章：Martha Works
調査：David Banis
主な資料：
Google. https://www.google.com.
Peets. http://www.peets.com.
Starbucks. http://www.starbucks.com.
Yelp. http://www.yelp.com.

できることからしよう。私はビーガンになる。

地図：Corinna Kimball-Brown
文章：Rachel Berger
調査：Rachel Berger and Corinna Kimball-Brown
主な資料：
Food Fight! Grocery. http://www.foodfightgrocery.com/pdxguide/.
PDX Vegan Guide

農場から市場へ

地図：Randy Morris and Corinna Kimball-Brown
グラフィックス：Corinna Kimball-Brown
文章：Martha Works
調査：Melanie Miller
主な資料：
"Farmers Markets." *Edible Portland*.
Local Harvest. http://www.localharvest.org.
Manage My Market. https://managemymarket.com.
Portland Farmers Market. http://www.portlandfarmersmarket.org.

フードチェーン店：外での食事

地図・グラフィックス・調査：Jackson Voelkel
文章：Hunter Shobe
主な資料：
Clackamas County Health Department. http://www.clackamas.us/publichealth/.
Multnomah County Health Department. https://multco.us/health.
Washington County Health Department. http://www.co.washington.or.us/HHS/.

食の蜃気楼（フード・ミラージュ）

地図・文章・グラフィックス：Betsy Breyer
主な資料：
Breyer, Betsy and Adriana Voss-Andreae. "Food Mirages：Geographic and Economic Barriers to Healthful Food Access in Portland, Oregon." *Health and Place*, no. 24 (2013)：131–39.

ポップカルチャー

ギークだ!
地図・グラフィックス：Randy Morris
文章：Hunter Shobe and Randy Morris
グラフィックス：Jessica Sullivan, Chauncey Morris, and Randy Morris
協力：the Lady Monster-slaying Society and Heather Paske, for allowing us to use their logo; to the PDX Gaymers and Mathew Gauvin, for allowing us to use their logo; and to Belinda Beller and Jason Carlough

創造性の回廊
地図：David Banis, Corinna Kimball-Brown, and Laura DeVito
調査：David Banis
文章：David Banis, Corinna Kimball-Brown, and Hunter Shobe
調査：Gary Miller and David Banis
協力：Amy Chen
主な資料：
"Alberta Street History." Alberta Main Street. http://albertamainst.org/about-2/history/.
Giegerich, Andy. "Pearl's First Thursday Fetes 25 Years." *Portland Business Journal*, September 2, 2011.
First Thursday Portland. http://www.firstthursdayportland.com.
Johnson, Barry. "Pearls of Art Warehouse District Become Home to Art Galleries Studios." *The Oregonian*, September 25, 1987.
Last Thursday on Alberta. http://www.lastthursdayonalberta.com.

DIY(自分でやろう)
地図・調査：Meara Butler and Corinna Kimball-Brown
文章：Hunter Shobe
主な資料：
Gilleland, Diane. "Mapping the Crafty." Crafty Pod. http://www.craftypod.com/categories/web-crafty?page=1.

レースパレード、お祭り、大規模パーティー
グラフィックス：Dan Coe
調査：Alyx Lesko, David Banis, and Hunter Shobe

ポートランドのはまり役
地図・文章・調査：David Banis and Corinna Kimball-Brown
グラフィックス：Corinna Kimball-Brown
調査：Summer 2012 Cultural Atlas Production class
協力：Angie Bynes
主な資料：
Drugstore Cowboy. Gus Van Sant. 1989. Film.
Feast of Love. Robert Benton. 2007. Film.
Free Willy. Simon Wincer. 1993. Film.
Gone. Heitor Dhalia. 2012. Film.
The Hunted. William Friedkin. 2003. Film.
Wendy and Lucy. Kelly Reichardt. 2008. Film.

タッチダウン：ポートランドへの移住とファンチームへの忠誠心
地図：Corinna Kimball-Brown
文章：Hunter Shobe
調査：Laurel Willi and David Banis
写真："Football." Pixabay
主な資料：
"American Migration [Interactive Map]." Forbes. http://www.forbes.com/special-report/2011/migration.html.

働くミュージシャンに捧げる詩
地図・調査・グラフィックス：Melissa Katz-Moye
文章・詩：Hunter Shobe

サッカー・シティUSA
地図：David Banis
文章：Hunter Shobe
写真：Courtesy of the Portland Timbers/Thorns and Major League Soccer
調査：Chris Wilson
音のデータ調査：Corinna Kimball-Brown, Dan Coe, Daron McCaulley, Jon Franczyk, David Banis, and Hunter Shobe
協力：Mike Golub and Chris Wilson
主な資料：
Timbers/Thorns Season Ticket holder information provided by the Portland Timbers and Portland Thorns

訳者あとがき

本書は2015年にアメリカで出版された Portlandness: A curtural atlas の日本語訳である。訳者（埴淵）が初めてポートランドを訪れたのは、2016年9月であった。「住みやすさ全米No.1」の都市として日本でもしばしばメディアで取り上げられ、アメリカ西海岸の少し変わったオシャレな街として旅行者を惹きつけたり、環境や交通、都市再開発の分野では研究者の注目を集めたりもしていた。とはいえ当時の訳者は、それほど明確な問題意識をもっていたわけではなかった。自分の研究に関連してあちこちで名前を聞くこの街を、実際に自分の目で見てみたい、というのが目的だった。

地理学を専門として健康・社会を研究する訳者にとって、ポートランドは「成功例」としてよく聞く都市の名前だった。たとえば、都市がコンパクトであれば車が無くても歩いて生活できるため、自然と身体活動量が増え、都市の健康水準が高まるとされる。ポートランドはそのような「歩きやすい街」の典型といえる（ただし、p.36も参照）。あるいは、ソーシャル・キャピタル論で著名なロバート・パットナムによると、かつて社会的なつながりが全米で減少していた時、ポートランドはそれに逆行して市民参加を活発化させたという。彼は、ソーシャル・キャピタルをめぐるサクセス・ストーリーの例としてこの街を取り上げた。

このような経緯から関心をもったポートランドに初めて訪れた時、立ち寄った巨大なパウエルズ書店の中で「書店員のおすすめ」として棚に置かれていたのが、Portlandness だった。まさに、都市を歩き回るなかでの偶然の出会いである。一見しただけで、バラエティ豊かな表現で作られた魅力的な地図帖とわかり、パラパラと眺めるだけで十分に楽しめた（実際、アメリカではお土産として買う人も多いとのこと）。しかし少し読むと、ただ見栄えの良いデザインマップが並んでいるのではなく、様々な地理学的・地図学的な考えをもとに工夫された地図で構成されていることに気づいた。それもそのはず。2人の著者は、ポートランド州立大学地理学科で教鞭をとる地理学者だったからだ。

日本でも地図に関する書籍は数多く出版されているが、本書に類する視点、ユニークさ、幅広さをもつ本は、訳者の知る限り他にない。ポートランドについても多数の紹介記事や書籍があるものの、それらと本書はかなり異なる。注目を浴びるポートランドをただ称賛するのではなく、光と影、過去と現在、あるいは風変わりなところとごく普通の部分を、時には皮肉を交えながらバランスよく取り上げている。みんなが「ポートランドらしい」と思っている要素を集めて地図にすると、街の中心部だけしかポートランドらしくない地図が出来上がる（p.27）。そこは間違いなく、ポートランドの「顔」だ。しかし本書では、それだけでは語れない街の豊かな側面を、都市の歴史から日常、ポピュラーカルチャーに至るまで実に広く取り上げている。何よりも本書は地図帖であり、「地図でポートランドを語る」試みなのである。

本書には専門的な部分も含まれているが、幅広い読者に読んで

／見てもらえる内容になっている。ポートランドが好きな旅行者、地図の可能性を広げたい研究者、まちづくりに関心をもつ市民、インフォグラフィックに興味のあるデザイナーなどにとっては、それぞれがそれぞれの読み方においてヒントを得ることができるだろう。地図帖である以上、どこから読んでもかまわないし、文章をとばして地図だけ見るのも自由だ（訳者としては複雑だが）。ただし、自分の経験から言えば、本書は読み返すほどに気づく点が多くなり、理解も深まっていく。その最たるものは、14-15ページにある「PDX TUBE」の駅名だ。最初は空想上の地図だと思っていたのだが（実際、企画書の段階では「架空の路線図」というタイトルにしていた）、駅が置かれている付近の様子を何らかのメッセージで実にうまく表現している。本書を通読したあとで、ぜひ謎解きの気分でこのページを再び眺めてみてほしい。

訳者なりの解釈を込めていうと、事実としてそこに何があるのかという地図ではなく（それも一つだが）、それを描くことによって自分自身とその場所とのつながりが「見える」ようになるもの、それこそが本書で強調されている「地図」である。したがって、それを集めた「地図帖」は、大勢の人がそれぞれに思い描く場所と自分とのつながりを記した、グラフィカルな街の物語になるはずだ。そういう意味で、一面的ではないその場所「らしさ」を探索する試みは、あらゆる都市や地域で可能な実践でもある。著者たちも日本語版の序文で述べているように、本書をじっくり読んだあとは、ぜひ自分の住む地域を歩き、地図に描いて、何がその場所を他の場所とは違って感じさせてくれるのかを考えてみてほしい。

翻訳に際しては、訳者4名がそれぞれの担当を決め、担当者以外によるチェックも経て完成させた。「序文」から「イントロダクション」までと、II章・IV章を埴淵、I章・III章を松本、V章・VI章を花岡、VII章を高松が担当した。内容が多岐にわたるうえ、アメリカやポートランドの文脈でのローカルな話題や表現も多く、訳者らの力不足もあって、翻訳の企画から刊行までには結局2年近くを要することとなった。依然として日本では、ポートランドが肯定的にメディアなどで紹介されることが多いものの、一時の流行は落ち着いたようにも見える。その意味では、日本でも改めてポートランドを考える良いタイミングといえるかもしれない。

本書の刊行までには、多くの方々のお世話になった。まず、ポートランドでの突然の訪問（パウエルズ書店で本を購入したその日に連絡し、二日後に会ってくれた）から、たびたびのミーティングとメールによる質問にも丁寧に対応してくれた、原著者のハンターとデイビッドに感謝申し上げたい。また日本語版としての出版をご快諾頂き、丁寧に編集を進めてくださった鹿島出版会の橋口聖一さんと安昌子さん、そして、英語でデザインされた様々な地図を日本語に置き換えるという難しい作業を進めてくださったデザイナーの高木達樹さんにも、この場を借りて心からお礼を申し上げたい。

2018年6月
埴淵知哉

著者

デービッド・バニス
David Banis

2006年からポートランド州立大学地理学科の空間解析・調査センターを運営。地図学や地理情報システムの授業を担当する。市民参加型の地図製作に注目し、地図学者が地図によって物語を伝えるための多様な方法を探求している。

ハンター・ショービー
Hunter Shobe

ポートランド州立大学地理学科准教授。専門は文化地理学。オレゴン大学にてPh.D.（地理学）を取得。人々が様々な場所とどうつながり、意味を創造するのかについての文化的・政治的次元を研究している。

訳者

埴淵知哉
はにぶち・ともや

中京大学国際教養学部・教授
担当：「序文」〜「イントロダクション」、II章、IV章

花岡和聖
はなおか・かずまさ

立命館大学文学部・准教授
担当：V章・VI章

松本文子
まつもと・あやこ

神戸大学先端融合研究環・助教
担当：I章・III章

高松礼奈
たかまつ・れいな

名古屋大学大学院教育発達科学研究科・博士後期課程
担当：VII章

ポートランド地図帖
地域の「らしさ」の描きかた

2018年11月15日　第1刷発行

共訳者	埴淵知哉、花岡和聖、松本文子、高松礼奈
発行者	坪内文生
発行所	鹿島出版会 〒104-0028 東京都中央区八重洲2-5-14 電話03-6202-5200　振替00160-2-180883
印刷	シナノパブリッシングプレス
製本	牧製本
日本語版装丁	高木達樹（しまうまデザイン）

©Tomoya HANIBUCHI, Kazumasa HANAOKA, Ayako MATSUMOTO, Reina TAKAMATSU 2018, Printed in Japan
ISBN 978-4-306-04669-6　C3052

落丁・乱丁本はお取り替えいたします。
本書の無断複製（コピー）は著作権法上での例外を除き禁じられています。
また、代行業者等に依頼してスキャンやデジタル化することは、
たとえ個人や家庭内の利用を目的とする場合でも著作権法違反です。

本書の内容に関するご意見・ご感想は下記までお寄せ下さい。
URL: http://www.kajima-publishing.co.jp/
e-mail: info@kajima-publishing.co.jp